빈출동작 브로마이드

01 바벨 벤치 프레스

02 덤벨 벤치 프레스

03 덤벨 플라이

04 덤벨 풀 오버

05 클로즈 그립 푸쉬업

06 벤트 오버 원암 덤벨 로우

07 벤트 오버 바벨 로우

08 언더 그립 바벨 로우

09 뉴트럴 그립 투암 덤벨 로우

10 루마니안 데드리프트

11 덤벨 컬

12 해머 컬

13 바벨 컬

14 스쿼팅 바벨 컬

| 15 | 컨센트레이션 컬 | 16 | 리버스 그립 바벨 컬 | 23 | 스탠딩 바벨 트라이셉스 익스텐션 | 24 | 라잉 바벨 트라이셉스 익스텐션 |

| 17 | 얼터네이트 덤벨 컬 | 18 | 얼터네이트 해머 컬 | 25 | 원암 덤벨 오버헤드 트라이셉스 익스텐션 | 26 | 시티드 트라이셉스 익스텐션 |

| 19 | 덤벨 리스트 컬 | 20 | 덤벨 리버스 리스트 컬 | 27 | 덤벨 킥 백 | 28 | 벤치 딥 |

| 21 | 바벨 리스트 컬 | 22 | 바벨 리버스 리스트 컬 | 29 | 바벨 밀리터리 프레스 | 30 | 비하인드 넥 프레스 |

31 덤벨 숄더 프레스	32 덤벨 래터럴 레이즈	39 백 스쿼트	40 프런트 스쿼트
33 덤벨 프런트 레이즈	34 벤트 오버 래터럴 레이즈	41 와이드 스탠스 스쿼트	
35 바벨 프런트 레이즈	36 바벨 업라이트 로우	42 풀[딥] 스쿼트	
37 덤벨 쉬러그	38 바벨 쉬러그	43 바벨 런지	44 덤벨 런지

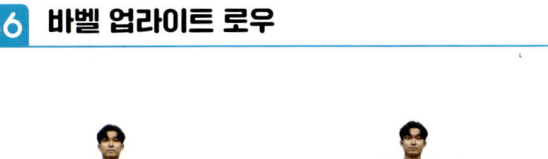

45 시티드 카프 레이즈	**46** 스탠딩 카프 레이즈	**53** 레그 레이즈	**54** 오블리그 크런치
47 힙 브릿지	**48** 덩키 킥	**55** 시티드 니 업	**56** 리버스 크런치
49 바벨 힙 트러스트	**50** 스티프 레그 데드리프트	**57** V-싯업	**58** 플랭크
51 덤벨 사이드 밴드	**52** 크런치	**59** 사이드 플랭크	**60** 힙 트러스트

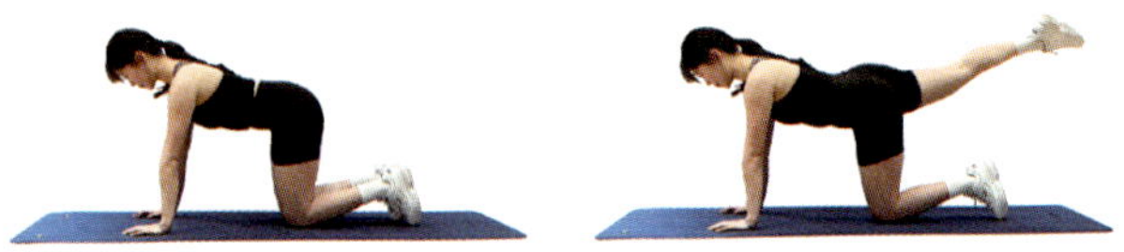

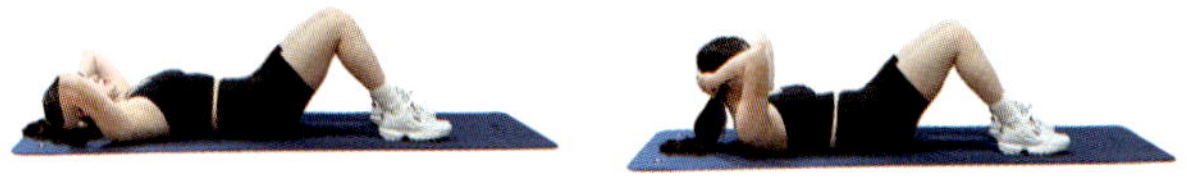

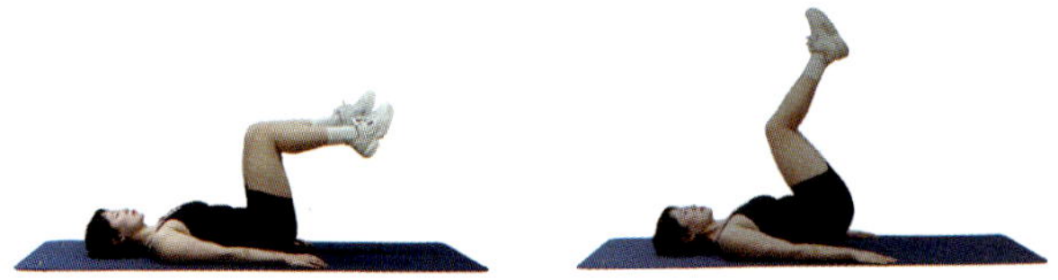

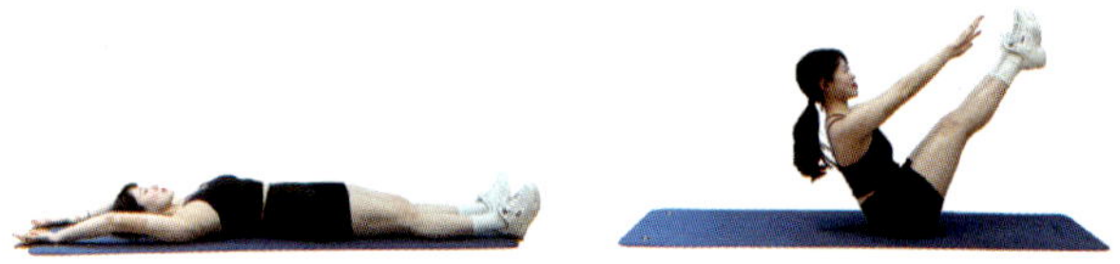

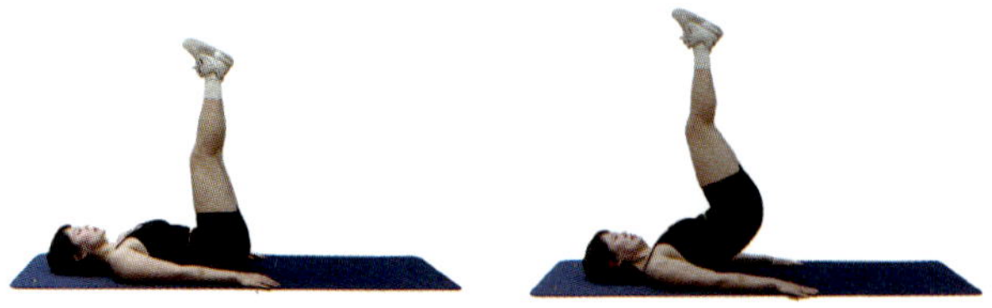

61 백 익스텐션

62 바벨 굿모닝 엑서사이즈

63 용상(클린&저크)

64 인상(스내치)

65 스모 데드리프트

66 컨벤셔널 데드리프트

67 프런트 더블 바이셉스

68 프런트 랫 스프레드

69 사이드 체스트

70 백 더블 바이셉스

71 백 랫 스프레드

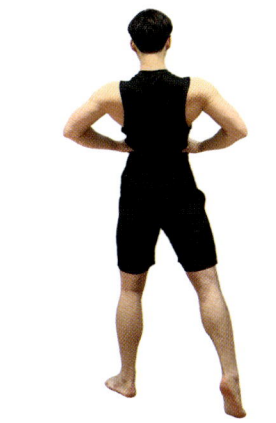

72 사이드 트라이셉스

73 업도미널 앤 타이

74 배큠 포즈

75 선수가 선택한 클래식 포즈

금지 머스큘러 포즈

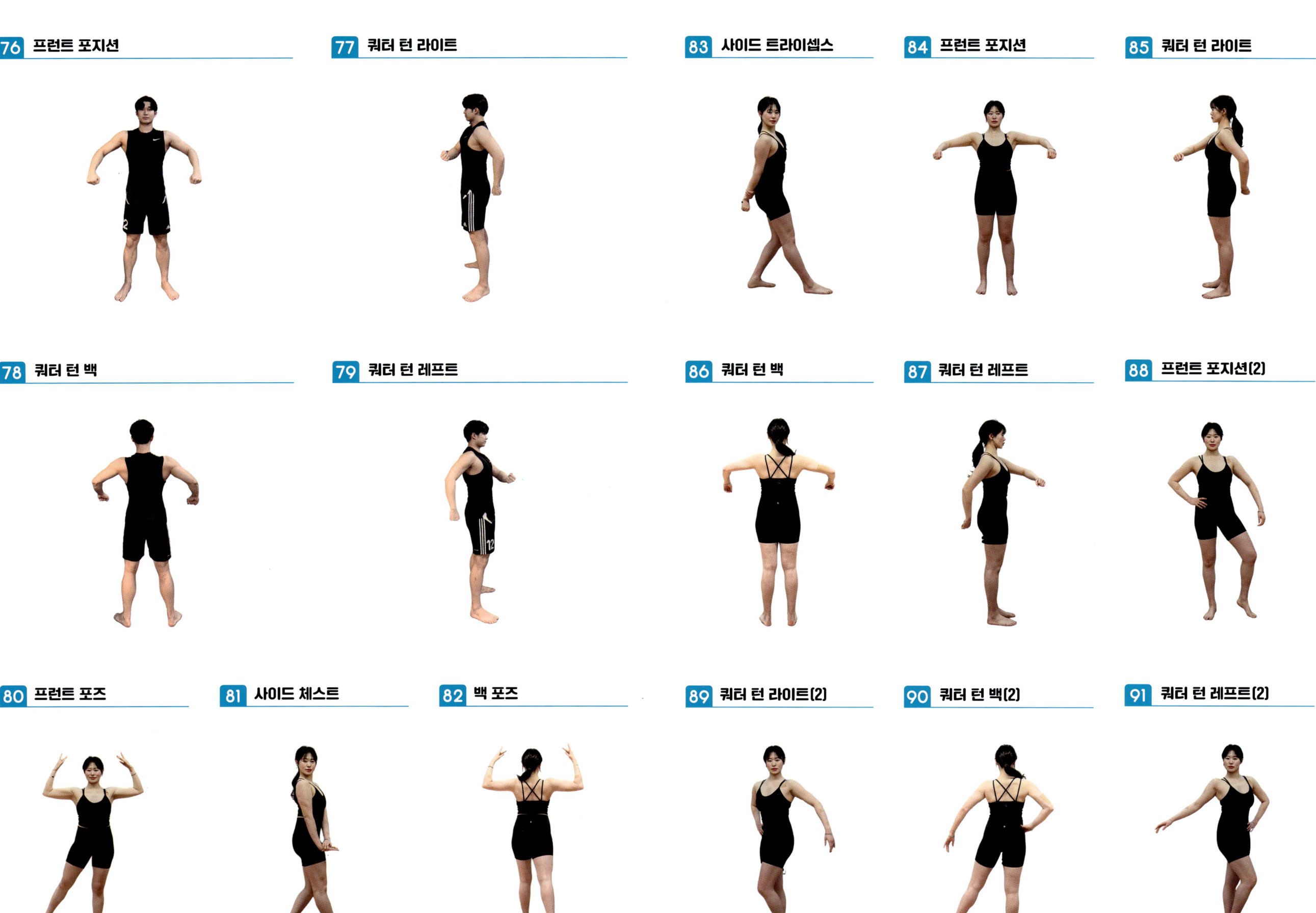

해커스
스포츠지도사
보디빌딩 실기+구술
초단기 5일 합격

CONTENTS

Part 01 | 실기

Chapter 01 골격계 & 근육계   14

Chapter 02 상체 - 가슴
- 01 바벨 벤치 프레스   16
- 02 덤벨 벤치 프레스   17
- 03 덤벨 플라이   18
- 04 덤벨 풀 오버   19
- 05 클로즈 그립 푸쉬업   20

Chapter 03 상체 - 등
- 01 벤트 오버 원암 덤벨 로우   21
- 02 벤트 오버 바벨 로우   22
- 03 언더 그립 바벨 로우   23
- 04 뉴트럴 그립 투암 덤벨 로우   24
- 05 루마니안 데드리프트   25

Chapter 04 상체 - 팔
- 01 덤벨 컬   26
- 02 해머 컬   27
- 03 바벨 컬   28
- 04 스쿼팅 바벨 컬   29
- 05 컨센트레이션 컬   30
- 06 리버스 그립 바벨 컬   31
- 07 얼터네이트 덤벨 컬   32
- 08 얼터네이트 해머 컬   33
- 09 덤벨 리스트 컬   34
- 10 덤벨 리버스 리스트 컬   35
- 11 바벨 리스트 컬   36
- 12 바벨 리버스 리스트 컬   37
- 13 스탠딩 바벨 트라이셉스 익스텐션   38
- 14 라잉 바벨 트라이셉스 익스텐션   39
- 15 원암 덤벨 오버헤드 트라이셉스 익스텐션   40
- 16 시티드 트라이셉스 익스텐션   41
- 17 덤벨 킥 백   42
- 18 벤치 딥   43

Chapter 05 상체 - 어깨
- 01 바벨 밀리터리 프레스   44
- 02 비하인드 넥 프레스   45
- 03 덤벨 숄더 프레스   46
- 04 덤벨 래터럴 레이즈   47
- 05 덤벨 프론트 레이즈   48
- 06 벤트 오버 래터럴 레이즈   49
- 07 바벨 프론트 레이즈   50
- 08 바벨 업라이트 로우   51
- 09 덤벨 쉬러그   52
- 10 바벨 쉬러그   53

Chapter 06 하체
- 01 백 스쿼트   54
- 02 프론트 스쿼트   55
- 03 와이드 스탠스 스쿼트   56
- 04 풀(딥) 스쿼트   57
- 05 바벨 런지   58
- 06 덤벨 런지   59
- 07 시티드 카프 레이즈   60
- 08 스탠딩 카프 레이즈   61
- 09 힙 브릿지   62
- 10 덩키 킥   63
- 11 바벨 힙 트러스트   64
- 12 스티프 레그 데드리프트   65

Chapter 07 복부 - 복근
- 01 덤벨 사이드 밴드   66
- 02 크런치   67
- 03 레그 레이즈   68

04 오블리그 크런치	69	
05 시티드 니 업	70	
06 리버스 크런치	71	
07 V-싯업	72	
08 플랭크	73	
09 사이드 플랭크	74	
10 힙 트러스트	75	

Chapter 08 복부 - 허리
01 백 익스텐션	76
02 바벨 굿모닝 엑서사이즈	77

Chapter 09 역도
01 용상(클린&저크)	78
02 인상(스내치)	80

Chapter 10 파워리프트
01 스모 데드리프트	81
02 컨벤셔널 데드리프트	82

Chapter 11 보디빌딩 규정 포즈
01 남성 보디빌딩 규정 포즈	83
02 클래식 피지크 규정 포즈	87
03 클래식 보디빌딩 규정 포즈	91
04 남성 클래식 보디빌딩 쿼터 턴	96
05 여성 피지크 규정 포즈	98
06 여성 피지크, 보디 피트니스 쿼터 턴	100
07 여성 비키니 피트니스 쿼터 턴	102

Part 02 | 구술

Chapter 01	보디빌딩의 기초 이론&규정	106
Chapter 02	트레이닝 방법론	117
Chapter 03	운동영양학&운동생리학	
01 운동영양학		128
02 운동생리학		134
Chapter 04	생활체육론&응급처치	
01 생활체육론		140
02 응급처치		145
Chapter 05	스포츠 인권	147
Chapter 06	유소년 스포츠지도사	149
Chapter 07	노인 스포츠지도사	153

무료 특강·학습 콘텐츠 제공
pass.Hackers.com

이 책의 구성과 특징

Chapter 05 상체 - 어깨

01 바벨 밀리터리 프레스

■ 평가기준
1. 어깨너비 또는 그보다 약간 넓은 간격으로 바벨을 잡았는가?
2. 바벨은 수평을 유지하며 머리 위로 밀어 올렸는가?
3. 반동 없이 얼굴 가까이 바닥과 수직으로 들어 올렸는가?
4. 올리는 단계에서 팔꿈치를 이용하지 않고 운동하였는가?
5. 운동 시 주동근의 긴장을 유지했는가?
6. 내리는 단계 시 갑자기 힘을 빼지 않고 팔꿈치를 천천히 굽혔는가?

① 어깨 너비로 서서 와이드 그립이나 오버핸드 그립으로 바벨을 잡아준다.
② 바벨을 턱 높이에 위치시키고 머리와 허리를 편 상태를 유지하며, 팔꿈치는 어깨 높이를 유지하며 균형을 잡아준다.
③ 바벨을 머리 위로 들어 올리며 근육을 수축시키며, 호흡을 내쉰다.
주의 올리는 동작 시 상체가 뒤로 과도하게 기울지 않도록 주의한다.
④ 첫 동작으로 돌아가면서 근육을 이완시키고 호흡을 들이마신다.

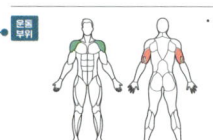 · 삼각근

 · 주동근: 전면 삼각근
· 협응근: 상완 삼두근

실기 동작 설명
실기 동작을 순서에 맞춰 따라할 수 있도록 상세한 설명으로 구성하였습니다.

주의
실기 동작 시 자주 실수하는 부분이나 감점이 될 수 있는 요소를 정리해두어, 동작을 주의해가며 올바르게 익힐 수 있습니다.

운동 부위&근육
해당 운동으로 어떤 근육을 자극할 수 있는지 그림과 함께 한눈에 확인할 수 있으므로, 올바른 운동이 가능합니다.

Chapter 05 스포츠 인권

1 성희롱, 성추행, 강제 추행, 성폭행, 성폭력 ★★★

(1) 성희롱
  말과 행동 등으로 성적 수치심을 불러일으키는 행위이다.

(2) 성추행
  신체 접촉 등을 통해 혐오감을 주는 행위이다.

(3) 강제 추행
  폭행과 협박 등을 통해 타인을 강제적으로 추행하는 행위이다.

(4) 성폭행
  강제적으로 성관계를 요구하거나 실행하는 행위이다.

(5) 성폭력
  성희롱, 성추행, 강제 추행, 성폭행의 요소를 포함하는 가장 큰 범주(성적 자기 결정권 침해)이다.

> **참고**
> **성희롱, 성폭력 예방 매뉴얼**
> · 상대방의 싫다는 표현에 대해 진지하게 받아들이고, 반드시 타인의 의사를 존중해야 한다.
> · 침묵은 동의가 아니다. 상대의 의사표현이 불분명하다면 반드시 분명한 의사를 다시 확인해야 한다.
> · 신체나 외모에 대한 성적인 평가나 비유를 하면 안 된다.

2 스포츠 폭력의 정의 ★★

스포츠 영역에서 스포츠인을 대상으로 폭행 및 감금, 갈취, 강요, 협박 등 정신적·신체적·금전적으로 피해를 가하는 것을 의미한다.

키워드별 구성
구술 시험에서 자주 출제되는 키워드를 확인할 수 있습니다.

핵심 답안 설명
내용은 핵심만을 담은 간결한 서술로, 구술 답안 대비를 위한 효율적인 암기가 가능합니다.

참고
키워드와 연관된 참고 지식까지 추가로 학습할 수 있으며, 구술 답안을 좀 더 풍부하게 구성할 수 있게 도와줍니다.

빈출 중요도 표시
시험에서 자주 등장하는 개념들을 '빈출 중요도'에 따라 ★ ~ ★★★로 표시하였습니다. 이를 통해 효율적 학습과 전략적 준비가 가능합니다.

보디빌딩 응시 알아보기

※ 보다 자세한 사항은 국민체육진흥공단 체육지도사연수원에서 확인하실 수 있습니다.

■ 응시일시

구분	원서접수	시험일	합격자 발표
2급 생활 스포츠지도사, 장애인·유소년·노인 스포츠지도사 필기	2025.03.27 09:00 (목) ~ 2025.03.31 18:00 (월)	2025.04.26 (토)	2025.05.16 16:00 (금)
2급 전문 스포츠지도사 필기	2025.03.20 09:00 (목) ~ 2025.03.24 18:00 (월)	2025.04.26 (토)	2025.05.16 16:00 (금)
실기&구술 시험	2025.05.28 09:00 (수) ~ 2025.06.02 18:00 (월)	2025.06.05 (목) ~ 2025.07.03 (목)	2025.07.11 16:00 (금)

■ 응시자격&유의사항

응시자격	1. 18세 이상인 사람 2. 해당 자격종목의 유소년 또는 노인 스포츠지도사 자격을 가지고 동일한 종목의 자격을 취득하려는 사람 3. 2급 장애인스포츠지도사 자격을 가지고 보유한 자격 종목이 아닌 다른 종목(문화체육관광부 '체육지도자 자격종목 신설·변경·폐지 등에 관한 고시' 별표1 제3호의 비고에서 다른 종목으로 보는 경우를 포함)의 자격을 취득하려는 사람 4. 유소년 또는 노인스포츠지도사 자격을 가지고 보유한 자격 종목이 아닌 다른 종목의 자격을 취득하려는 사람 5. 2급 생활스포츠지도사 자격을 가지고 보유한 자격 종목이 아닌 다른 종목의 자격을 취득하려는 사람
유의사항	1. 동일 자격등급에 한하여 연간 1인 1종목만 취득 가능(동·하계 중복 응시 불가) 2. 접수 시 선택한 종목은 변경 불가(2025년 신규 접수자부터 적용) 3. 필기 및 실기구술시험 장소는 추후 체육지도자 홈페이지에 공지 예정 4. 하계 필기시험 또는 동계 실기구술시험에 합격한 사람에 대해 다음 해에 실시되는 해당 자격검정 1회 면제 5. 필기시험에 합격한 해의 12월 31일부터 3년 이내에 연수과정을 이수하여야 함 ※ 단, 필기시험을 면제받거나 실기구술시험을 먼저 실시하는 경우에는 실기구술 시험에 합격한 해의 12월 31일부터 3년 이내에 연수과정(연수면제자는 스포츠윤리교육)을 이수하여야 함. 6. 나이 요건 충족 기준일은 각 자격요건별 취득절차상 첫 절차의 접수마감일 기준(2007년 출생자 중 해당 과정의 접수마감일 이전 출생) 7. 졸업예정자의 경우 다음 연도 2월 말까지 졸업(학위)증명서 반드시 제출(필기·실기, 구술 합격자 포함)

※ 위 내용은 2급 생활스포츠지도사 기준이며, 보다 자세한 사항은 국민체육진흥공단 체육지도사연수원에서 확인하실 수 있습니다.

■ 체육지도자의 결격사유 등

결격사유	1. 피성년후견인
	2. 금고 이상의 형을 선고받고 그 집행이 종료되거나 집행이 면제된 날부터 2년이 지나지 아니한 사람
	3. 금고 이상의 형의 집행유예를 선고받고 그 유예기간 중에 있는 사람
	4. 다음 각 목의 어느 하나에 해당하는 죄를 저지른 사람으로서 금고 이상의 형 또는 치료감호를 선고받고 그 집행이 종료되거나 집행이 유예·면제된 날부터 20년이 지나지 아니하거나 벌금형이 확정된 날부터 10년이 지나지 아니한 사람
	  ① 성폭력범죄의 처벌 등에 관한 특례법 제2조에 따른 성폭력범죄
	  ② 아동·청소년의 성보호에 관한 법률 제2조 제2호에 따른 아동·청소년대상 성범죄
	5. 선수를 대상으로 형법 제2편 제25장 상해와 폭행의 죄를 저지른 체육지도자(제12조 제1항에 따라 자격이 취소된 사람을 포함한다)로서 금고 이상의 형을 선고받고 그 집행이 종료되거나 집행이 유예·면제된 날부터 10년이 지나지 아니한 사람
	6. 제12조 제1항 제1호부터 제4호까지에 따라 자격이 취소(이 조 제1호에 해당하여 자격이 취소된 경우는 제외한다)되거나 같은 조 제3항에 따라 자격검정이 중지 또는 무효로 된 후 3년이 경과되지 아니한 사람

자격 취소사유	1. 거짓이나 그 밖의 부정한 방법으로 체육지도자의 자격을 취득한 경우 2. 자격정지 기간 중에 업무를 수행한 경우 3. 체육지도자 자격증을 타인에게 대여한 경우 4. 제11조의5 각 호의 어느 하나에 해당하는 경우
자격 취소 또는 5년 이하 자격 정지사유	1. 선수의 신체에 폭행을 가하거나 상해를 입히는 행위를 한 경우 2. 선수에게 성희롱 또는 성폭력에 해당하는 행위를 한 경우 3. 그 밖에 직무수행 중 부정이나 비위 사실이 있는 경우 ※ 자격검정을 받는 사람이 그 검정과정에서 부정행위를 한 때에는 현장에서 그 검정을 중지시키거나 무효로 한다. 4. 제1항에 따라 체육지도자 자격이 취소된 사람은 문화체육관광부령으로 정하는 바에 따라 체육지도자 자격증을 문화체육관광부장관에게 반납하여야 한다. 5. 제1항에 따른 행정처분의 세부적인 기준 및 절차는 그 사유와 위반 정도를 고려하여 문화체육관광부령으로 정한다.

더 많은 내용이 알고 싶다면?

- 시험일정 및 자격증에 대한 더 자세한 사항은 해커스자격증(pass.Hackers.com) 또는 Q-net(www.Q-net.or.kr)에서 확인할 수 있습니다.
- 모바일의 경우 QR 코드로 접속이 가능합니다.

모바일 해커스자격증
(pass.Hackers.com)
바로가기 ▶

실기 및 구술 준비하기

※ 보다 자세한 사항은 국민체육진흥공단 체육지도사연수원에서 확인하실 수 있습니다.

■ 스포츠지도사 시험 절차

■ 자격검정 기관 및 연수기관

연수기관 (22)	수도권(10)	경기대, 경희대, 동국대, 용인대, 인천대, 중앙대, 한양대, 한양대(에리카), 숭실대, 을지대
	경상(6)	경남대, 경상대, 계명대, 부경대, 안동대, 경북대
	충청(4)	건국대, 충남대, 충북대, 호서대
	전라(4)	군산대, 전남대, 전북대, 목포대
	강원(2)	강릉원주대, 강원대
	제주(1)	제주대

※ 위 내용은 2급 생활스포츠지도사 기준이며, 보다 자세한 사항은 국민체육진흥공단 체육지도사연수원에서 확인하실 수 있습니다.

■ 실기 및 구술 시험장(2022년 대한체육회)

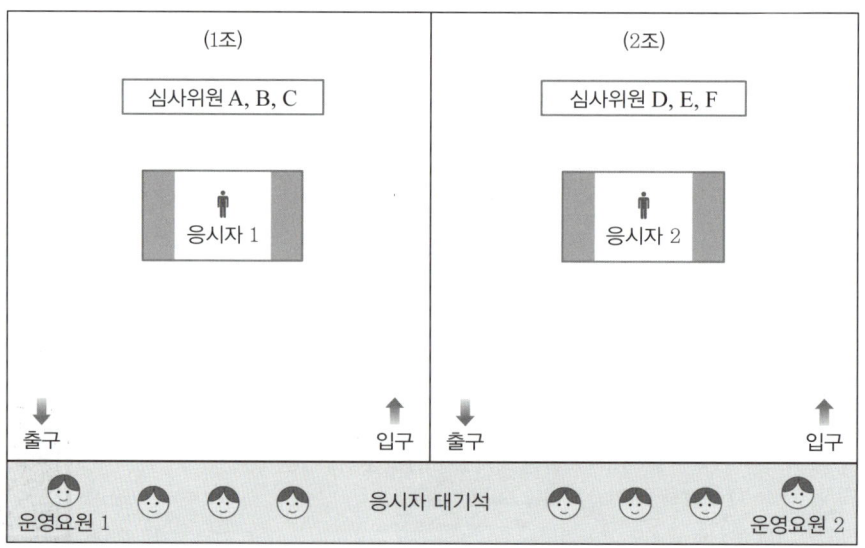

실기 평가 영역

※ 대한보디빌딩협회 홈페이지 - 규정포즈/종목소개의 규정 확인 요망. 기술분류(1급 생활, 2급 전문, 2급 생활, 노인, 유소년 스포츠지도사)

대분류		세부 기술
상체, 가슴/팔	(80)	바벨 벤치 프레스, 덤벨 벤치 프레스, 덤벨 플라이, 덤벨 풀오버, 클로즈 그립 푸쉬업, 덤벨 컬, 해머 컬(덤벨 해머 컬), 바벨 컬, 컨센트레이션 컬, 리버스 바벨 컬, 얼터네이트 덤벨 컬, 얼터네이트 해머 컬, 덤벨 리스트 컬, 바벨 리스트 컬, 스탠딩 바벨 트라이셉스 익스텐션, 라잉 바벨 트라이셉스 익스텐션, 원암 덤벨 오버헤드 트라이셉스 익스텐션, 시티드 트라이셉스 익스텐션, 덤벨 킥백, 벤치 딥, 덤벨 리버스 리스트 컬, 바벨 리버스 리스트 컬, 푸쉬업
상체, 등, 어깨		벤트오버 원암 덤벨 로우, 벤트오버 바벨 로우, 언더그립 바벨 로우, 뉴트럴그립 투암 덤벨 로우, 바벨 굿모닝 엑서사이즈, 백 익스텐션, 밀리터리 프레스(바벨 오버헤드 프레스), 비하인드 넥 프레스, 덤벨 숄더 프레스, 덤벨 레터럴 레이즈, 덤벨 프런트 레이즈, 벤트오버 레터럴 레이즈, 바벨 프런트 레이즈, 바벨 업라이트 로우, 덤벨 쉬러그, 바벨 쉬러그
하체, 복근, 전신		백 스쿼트(바벨 스쿼트), 프런트 스쿼트, 바벨 런지, 덤벨 런지, 시티드 카프 레이즈, 스탠딩 카프 레이즈, 힙 브릿지, 덩키 킥, 업도미널 힙 트러스트(주동근: 하복부), 루마니안 데드리프트, 스티프 레그 데드리프트, 컨벤셔널 데드리프트, 와이드 스탠스 스쿼트, 스쿼팅 바벨 컬, 풀(딥)스쿼트, 덤벨 사이드 밴드, 크런치, 레그 레이즈, 오블리크 크런치, 시티드 니업, 리버스 크런치, V-싯업, 플랭크, 사이드 플랭크
실전기술	(20)	(남녀공통) 남자 보디빌딩, 남자 클래식보디빌딩, 남자 피지크, 남자 클래식피지크, 여자 피지크, 여자 보디피트니스, 여자 비키니 *실전기술페이지참고

구술평가영역

영역	배점	분야	내용
규정	40점	협회최신규정	경기인 등록규정, 도핑방지규정, 심판위원회규정
		종목소개 (운영, 규정, 진행)	보디빌딩, 클래식 보디빌딩, 남자 피지크, 클래식 피지크, 여자 피지크, 보디피트니스, 비키니피트니스
		스포츠 인권	스포츠폭력 및 성폭력
		생활체육 개요	목적과 기능, Sports For All, Fitness 운동, Aerobics 운동, Wellness 운동
지도 방법	40점	웨이트트레이닝	기본자세, 훈련별·부위별 지도방법
		과학적 지도방법	운동영양학, 운동생리학
		규정포즈	보디빌딩, 클래식 보디빌딩, 남자 피지크, 클래식 피지크, 여자 피지크, 보디피트니스, 비키니피트니스
		응급처치	First Aid&CPCR, 응급상황 대처요령
태도	20점	자세	복장, 용모, 자신감, 표현력, 이해도, 태도
		신념	체육의 이해, 지도력, 적극성

※ 위 내용은 구술 검정 준비에 도움을 주기 위한 범위이며, 위 내용 외에 더 추가로 범위를 선정하여 검정할 수 있음

연수 및 현장실습 대비하기

■ 스포츠지도사 시험 절차

필기시험 → 실기·구술시험 → 연수 및 현장실습

■ 연수 수료기준

1. 66시간 연수 진행
66시간 진행 중 10% 이상 결시할 경우 연수 미이수

구분	출결	연수태도	체육지도	현장실습
평가기관	연수원, 현장실습기관	연수원	연수원	현장실습기관
이수점수	90% 이상	60% 이상	60점 이상	60점 이상

2. 합격기준
일반수업, 현장실습 연수과정 각각의 90% 이상 출석하고, 평가점수가 각각 만점의 100분의 60 이상인 경우

구분	처리기준	감점
결석	1일 이상 수업에 참여하지 않은 경우	해당시간
지각	수업시작 후 5분 이상 지각 시 - 3회 지각 시 연수시간 1시간 차감 - 지각의 합이 1시간 이상 시 지각시간만큼 차감 해당 시간 이석	해당시간
이석	수업시간 중 5분 이상 이석 - 3회 이석 시 연수시간 1시간 차감 - 이석의 합이 1시간 이상 시 이석시간만큼 차감 예) 연수중개인용무, 운전, 화면이동해당시간조퇴(퇴장)	해당시간
조퇴	수업 또는 휴게시간 중 조퇴(퇴장)한 경우 - 사전요청: 조퇴한 시간만큼 차감 - 무단조퇴: 해당수업시간 전체 차감	해당시간

※ 세부기준은 각 연수기관별 차이가 있을 수 있습니다.

■ 현장실습

※ 각 연수기관별 공고를 참고하시기 바랍니다.

5일 합격 학습플랜

 5일 합격 학습플랜 활용 방법

1. 스포츠지도사 보디빌딩 실기 및 구술시험의 단기 합격을 위한 학습플랜을 참고합니다.
2. 학습플랜에 맞춰 목표를 달성하면 학습날짜를 기입합니다.
3. 시험 직전까지 일자별로 학습한 내용을 복습하고 반복적으로 익혀줍니다.

■ 1일차 학습 목표

PART 1 실기	Chapter 01 ~ Chapter 03	__월 __일
PART 2 구술	Chapter 01	

■ 2일차 학습 목표

PART 1 실기	Chapter 04 ~ Chapter 05	__월 __일
PART 2 구술	Chapter 02	

■ 3일차 학습 목표

PART 1 실기	Chapter 06 ~ Chapter 08	__월 __일
PART 2 구술	Chapter 03	

■ 4일차 학습 목표

PART 1 실기	Chapter 09 ~ Chapter 11	__월 __일
PART 2 구술	Chapter 04 ~ Chapter 07	

■ 5일차 학습 목표

PART 1 실기	Chapter 01 ~ Chapter 11 총 복습	__월 __일
PART 2 구술	Chapter 01 ~ Chapter 07 총 복습	

해커스자격증
pass.Hackers.com

해커스 **스포츠지도사 보디빌딩** 실기+구술 초단기 5일 합격

Part 01

실기
실기능력 향상하기

Chapter 01　골격계 & 근육계
Chapter 02　상체 - 가슴
Chapter 03　상체 - 등
Chapter 04　상체 - 팔
Chapter 05　상체 - 어깨
Chapter 06　하체
Chapter 07　복부 - 복근
Chapter 08　복부 - 허리
Chapter 09　역도
Chapter 10　파워리프트
Chapter 11　보디빌딩 규정 포즈

Chapter 01 골격계 & 근육계

01 골격계

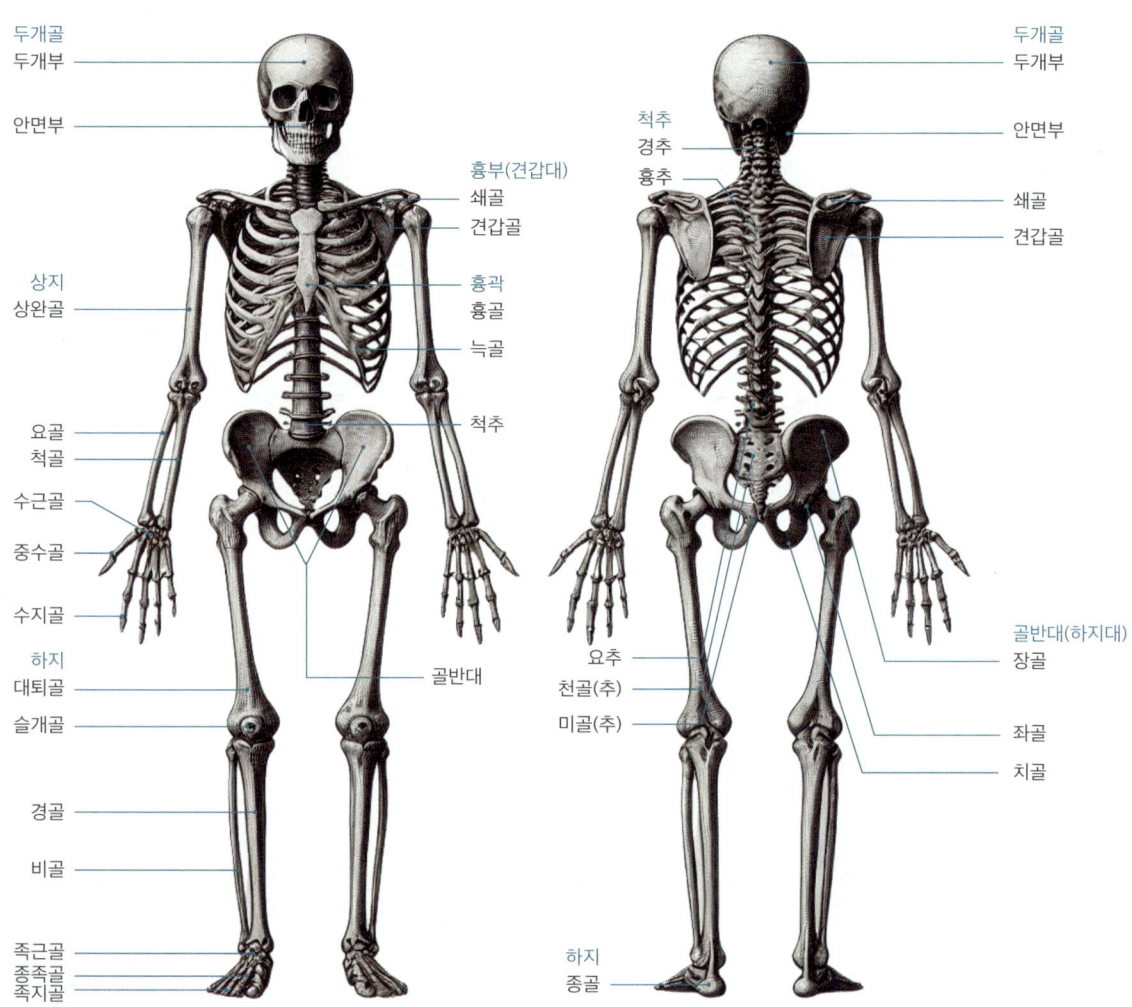

02 근육계

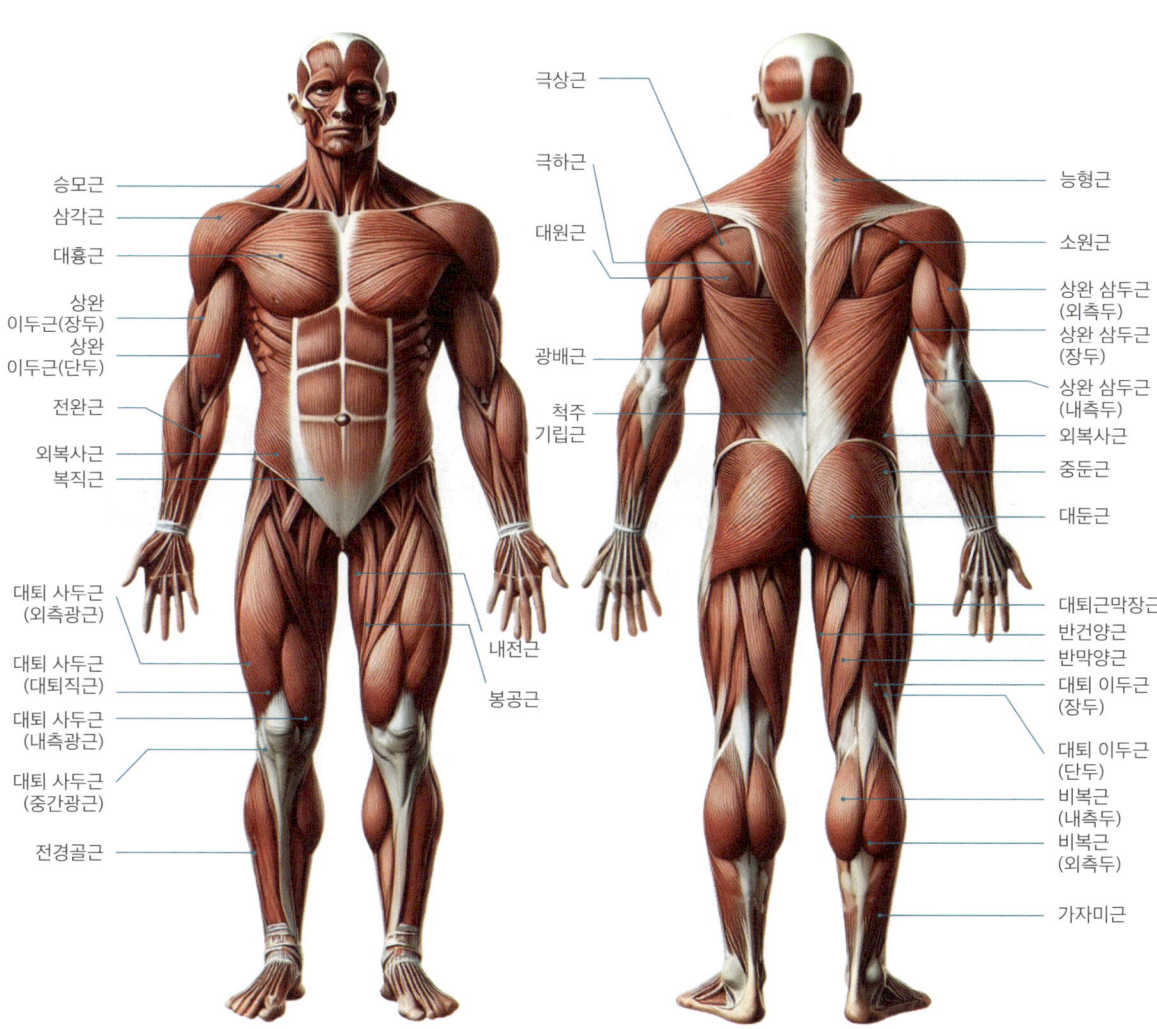

Chapter 02 상체 - 가슴

01 바벨 벤치 프레스

■ 평가기준
1. 바벨은 어깨너비보다 넓게 잡았는가?
2. 벤치에 머리, 어깨, 엉덩이가 밀착되어 있는가?
3. 허리를 아치 형태로 만들었는가?
4. 그립은 와이드 오버핸드 그립으로 정확히 잡고 있는가?
5. 바가 수직으로 보이도록 눕고 턱을 가슴으로 당겨 고정되어 있는가?
6. 바를 밀어 올렸을 때 호흡은 내쉬고 팔은 완전히 펴지 않았는가?
7. 팔꿈치와 어깨가 일직선이 되게 옆으로 펴고 손목이 뒤로 꺾이지 않았는가?

① 머리와 허리를 곧게 유지하며 벤치에 머리, 어깨, 엉덩이가 밀착되게 눕고 바벨을 오버핸드 그립으로 잡는다.
② 바벨을 천천히 내리면서 호흡을 들이마시고, 이때 팔꿈치가 몸통보다 아래로 내려가지 않도록 한다.
③ 바벨이 흔들리지 않게 손목을 고정하며 균형을 잡고 가슴 위로 힘차게 밀어 올리면서 호흡을 내쉰다.
④ 처음 동작으로 돌아오면서 호흡은 들이마시고, 다시 가슴 위로 힘차게 밀어 올리며 동작을 반복 수행한다.

 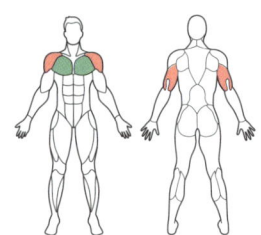 • 대흉근   • **주동근**: 대흉근
• **협응근**: 전면 삼각근, 상완 삼두근

02 덤벨 벤치 프레스

■ 평가기준
1. 양발은 바닥에 고정시켰는가?
2. 머리, 어깨, 엉덩이가 벤치에 닿은 상태에서 허리를 아치 형태로 만들었는가?
3. 어깨는 고정되어 있는가?
4. 덤벨을 올릴 때 가슴을 수축하고 있는가?
5. 팔은 정확히 밀고 있는가?
6. 호흡은 덤벨을 내릴 때 들이마시고 올릴 때 내뱉고 있는가?
7. 동작 내내 양팔의 전완이 지면과 수직을 이루는 상태를 유지하도록 하는가?

① 벤치에 머리, 어깨, 엉덩이가 밀착되도록 눕고 덤벨을 양손에 오버핸드 그립으로 잡는다.

② 덤벨을 내리면서 호흡을 들이마시고, 이때 팔꿈치가 몸통보다 너무 내려가지 않도록 한다.

③ 덤벨이 흔들리지 않게 손목을 고정하여 균형을 잡고 가슴 위로 밀어 올리며 호흡을 내쉰다.

④ 처음 동작으로 돌아오면서 호흡은 들이마시고, 다시 가슴 위로 밀어 올리며 동작을 반복 수행한다.

 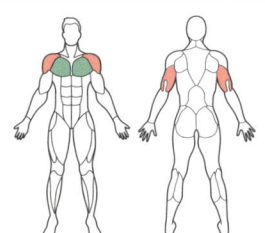 • 대흉근

 • **주동근**: 대흉근
• **협응근**: 전면 삼각근, 상완 삼두근

03 덤벨 플라이

■ 평가기준
1. 양발은 바닥에 고정시켰는가?
2. 머리, 어깨, 엉덩이가 벤치에 닿은 상태에서 허리를 아치 형태로 만들었는가?
3. 뉴트럴 그립으로 덤벨을 들어 올려 가슴 중앙에 위치했는가?
4. 덤벨을 가슴 옆으로 큰 원을 그리듯이 내렸는가?
5. 덤벨이 올릴 때 가슴을 수축하고 있는가?
6. 하위 구간에서 덤벨이 몸통보다 아래로 내려가지 않도록 하였는가?
7. 주관절의 굽힘 정도가 적정한가?

① 머리와 허리를 곧게 유지하면서 벤치나 매트에 눕고 덤벨을 양손에 뉴트럴 그립으로 잡는다.
② 덤벨이 흔들리지 않게 손목을 고정하고 양팔을 넓게 벌린다.
③ 팔로 원을 그린다는 느낌으로 덤벨을 가슴 앞으로 모아 근육을 수축시키고 호흡을 내쉰다.
④ 처음 동작으로 수평이 될 때까지 천천히 양팔을 벌린다. 이때 호흡은 들이마신다.

주의 팔꿈치와 손목이 움직이지 않도록 주의한다.

 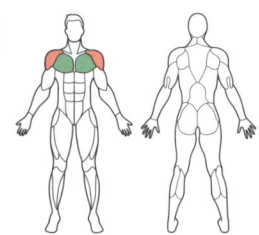   • 대흉근   • 주동근: 대흉근
• 협응근: 삼각근, 상완 이두근

04 덤벨 풀 오버

■ 평가기준
1. 양발이 어깨너비로 고정이 되어 있는가?
2. 양손을 모아 잡은 덤벨을 들어 올려 가슴 위쪽에 위치시켰는가?
3. 덤벨을 머리 뒤로 큰 원을 그리듯이 내렸는가?
4. 팔꿈치 관절을 충분히 연 상태에서 수직이 되도록 팔을 올렸는가?
5. 하위 구간에서 엉덩이가 들리지 않도록 주의하였는가?
6. 덤벨을 천천히 가슴 앞으로 들어 올리고 엉덩이도 함께 들어 올렸는가?
7. 덤벨이 가슴 앞쪽으로 오면서 호흡을 내쉬는가?
8. 동작 중 팔이 굽혀지지 않도록 주의하였는가?

① 벤치나 매트에 눕고 머리와 허리를 곧게 유지하며 양손으로 덤벨 하나를 잡는다.

② 덤벨을 천천히 머리 위 정수리 방향으로 내리면서 호흡을 들이마신다. 덤벨의 무게를 이용해 가슴 부위를 최대한 이완시킨다.

③ 양팔을 곧게 펴고 덤벨을 얼굴 정면 위로 들어 올리며 가슴을 수축시키고 호흡은 내쉰다.

④ 처음 동작으로 천천히 돌아오면서 호흡은 들이마시고 덤벨이 흔들리지 않게 균형을 잘 잡으며 동작을 반복한다.

 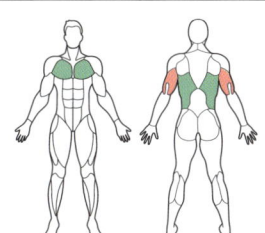 • 대흉근, 광배근

 • **주동근**: 대흉근, 광배근
• **협응근**: 상완 삼두근

05 클로즈 그립 푸쉬업

■ 평가기준
1. 그립은 어깨너비보다 좁게 위치하였는가?
2. 내리는 단계에 팔꿈치가 몸통에서 멀어지지 않았는가?
3. 올리는 단계에 삼두근의 수축이 일어나는가?
4. 운동하는 동안에 몸통이 고정되어 있었는가?
5. 머리, 어깨, 골반, 무릎, 발목 일직선을 유지했는가?

① 매트에 양손을 어깨 너비보다 좁게 위치시키며 엎드린다. 머리, 허리, 엉덩이를 곧게 유지한다.
② 전신은 일직선을 유지하고 팔꿈치를 구부리며 상체를 내린다. 이때 호흡은 들이마신다.
③ 전신은 일직선을 유지하고 팔꿈치를 곧게 펴서 상체를 들어 올린다. 이때 호흡은 내쉰다.
④ 내리는 동작에서 호흡은 들이마시고 돌아오는 동작에서 호흡은 내쉬며 동작은 반복한다.

주의 내리는 동작 시 팔꿈치가 몸통에서 너무 멀어지지 않도록 한다.

 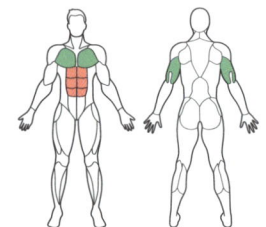 • 대흉근, 상완 삼두근   • **주동근**: 내측 대흉근, 상완 삼두근
• **협응근**: 복직근

Chapter 03 상체 - 등

01 벤트 오버 원암 덤벨 로우

■ 평가기준
1. 뉴트럴그립으로 덤벨을 잡았는가?
2. 팔꿈치를 몸통(의 옆구리 쪽으로) 가까이 들어 올렸는가?
3. 손목은 구부리지 않고 편 상태를 유지했는가?
4. 덤벨을 위로 당기는 단계에서 반동을 이용하지 않고 진행했는가?
5. 몸통이 회전하지 않도록 주의했는가?
6. 머리, 몸통, 손, 발의 위치 무릎 각도를 유지했는가?

① 머리와 허리를 곧게 유지하고 상체가 지면과 수평이 되도록 허리를 구부린다. 머리, 몸통, 손, 발의 위치와 무릎 각도를 일정하게 유지한다.

② 뉴트럴 그립으로 덤벨을 잡고 손목을 곧게 고정하고 시선은 바닥을 향하게 한다.

③ 덤벨을 잡고 팔꿈치를 몸통 가까이 들어 올리며 호흡은 내쉰다. 손목을 펴고 상체의 반동을 이용하지 않으며 최대한 등 근육을 수축시키면서 들어 올린다.

④ 첫 동작으로 돌아가면서 근육을 천천히 이완시키고 호흡을 들이마신다.

 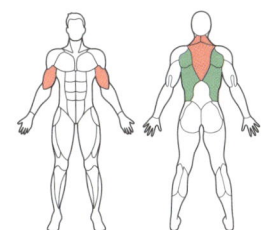 • 광배근

 • **주동근**: 광배근, 대원근
• **협응근**: 상완 이두근, 상부 · 중부 승모근

02 벤트 오버 바벨 로우

■ **평가기준**
1. 스탠다드 오버핸드 그립으로 바벨을 잡았는가?
2. 상체는 수평보다 약간 높은 각도를 유지하는가?
3. 수축 시 견갑골이 서로 가까워지도록 어깨를 후방으로 모았는가?
4. 바벨을 당김과 동시에 상체를 세우지 않도록 주의했는가?
5. 바벨이 하복부에 닿을 만큼 당겼을 때 호흡을 내쉬는가?
6. 허리는 곧게 펴져 있는가?
7. 엉덩이를 심하게 뒤로 빼지 않고 있는가?

① 머리와 허리를 곧게 유지하고 엉덩이를 뒤로 빼지 않으며 상체가 지면과 수평이 되도록 허리를 구부린다.

② 스탠다드 스탠스로 서서 스탠다드 그립, 오버핸드 그립으로 바벨을 잡고 시선은 바닥을 주시한다.

③ 바벨을 잡고 팔꿈치를 몸통 가까이 들어 올리며 호흡은 내쉰다. 손목을 펴고 상체의 반동을 주지 않고, 등 근육을 최대한 수축시키면서 들어 올린다.

④ 첫 동작으로 돌아가면서 근육을 천천히 이완시키고 호흡을 들이마신다.

주의 상체가 지면과 수평이 되도록 유지한다.

 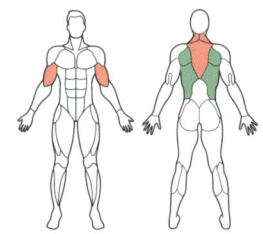 • 광배근   • **주동근**: 광배근, 대원근
• **협응근**: 상완 이두근, 상부 · 중부 승모근

03 언더 그립 바벨 로우

■ 평가기준
1. 바벨을 언더그립으로 잡고 몸통은 곧게 편 자세를 유지했는가?
2. 양발을 어깨너비보다 약간 좁게 벌렸는가?
3. 상체는 수평보다 약간 높은 각도를 유지했는가?
4. 수축 시 견갑골이 서로 가까워지도록 어깨를 후방으로 모았는가?
5. 바벨이 하복부에 닿을 만큼 당겼을 때 호흡을 내쉬는가?
6. 바벨을 당김과 동시에 상체를 세우지 않도록 주의했는가?
7. 몸의 무게중심이 균형적으로 고르게 유지하는가?
8. 바를 올리는 단계에서 손목을 펴고 올리는가?

① 머리와 허리를 곧게 유지하고 상체가 지면과 수평이 되도록 허리를 구부린다.
② 스탠다드 스탠스로 서서 스탠다드 그립, 언더핸드 그립으로 바벨을 잡고 시선은 바닥을 주시한다.
③ 바벨을 잡고 팔꿈치를 몸통 가까이 들어 올리며 호흡은 내쉰다. 손목을 펴고 상체의 반동을 이용하지 않으며 최대한 등 근육을 수축시키면서 들어 올린다.
④ 첫 동작으로 돌아오면서 근육을 이완시키고 호흡은 들이마신다.

주의 상체가 지면과 수평이 되도록 유지한다.

 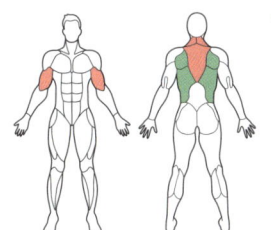 • 광배근

 • 주동근: 광배근
• 협응근: 상완 이두근, 상·중부 승모근

04 뉴트럴 그립 투암 덤벨 로우

■ 평가기준
1. 덤벨을 뉴트럴 그립으로 잡고 팔꿈치를 몸통 가까이 들어 올렸는가?
2. 손목은 구부리지 않고 편 상태를 유지했는가?
3. 덤벨을 위로 당기는 단계에서 반동을 이용하지 않았는가?
4. 머리, 몸통, 손, 발의 위치 무릎 각도를 유지했는가?

① 스탠다드 스탠스로 서서 머리와 허리를 곧게 유지하고 상체가 지면과 수평이 되도록 허리를 구부린다.
② 양손에 덤벨을 뉴트럴 그립으로 잡고 어깨를 고정시키며 시선은 바닥을 주시한다.
③ 덤벨을 잡고 팔꿈치를 몸통 가까이 들어 올리며 호흡은 내쉰다. 상체의 반동을 이용하지 않고 최대한 등 근육을 수축시키며 들어 올린다.
④ 첫 동작으로 천천히 돌아오면서 근육을 이완시키고 호흡은 들이마신다.

 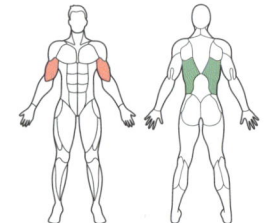 • 광배근   • **주동근**: 광배근
• **협응근**: 상완 이두근

05 루마니안 데드리프트

■ 평가기준
1. 바를 어깨너비 혹은 약간 넓게 잡고 있는가?
2. 운동하는 동안 등이 굽지 않도록 곧게 편 자세를 유지하는가?
3. 바벨을 무릎을 살짝 지나는 지점까지만 내렸다가 올렸는가?
4. 올리는 동작 시 바벨이 대퇴부에 가까이 위치하여 올려지는가?
5. 내리는 동작에 시선은 정면을 향하고 있는가?
6. 내리는 동작에서 무릎이 고정되어 있는가?
7. 상체를 후방으로 과신전하지 않도록 주의했는가?

① 스탠다드 스탠스로 서서 오버핸드 그립으로 바벨을 잡고 머리와 허리를 곧게 유지한다.
② 엉덩이를 천천히 뒤로 밀며 대퇴부를 스치듯 바벨을 무릎 아래까지 내리고, 시선은 정면을 주시하고 호흡을 이때 들이마신다.
③ 허리와 등을 곧게 유지하고 바벨을 대퇴부에 가깝게 천천히 들어 올리며, 호흡을 내쉰다.
④ 첫 동작으로 돌아오면서 호흡을 들이마시고 근육을 이완시킨다.

주의 바벨을 내리는 동작 중에 등이 구부러지지 않도록 한다.

 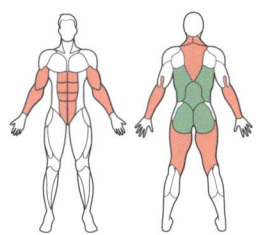 • 광배근, 척추기립근 (등, 허리)

 • **주동근**: 광배근, 척추기립근, 대둔근
• **협응근**: 승모근, 햄스트링, 상완 이두근, 전완근, 코어 근육

Chapter 04 상체 - 팔

01 덤벨 컬

■ 평가기준
1. 팔꿈치가 어깨 뒤로 빠지지 않게 하고 있는가?
2. 팔꿈치가 움직이지 않도록 고정시켰는가?
3. 덤벨을 올릴 때 호흡을 내쉬고 있는가?

① 어깨 너비로 서서 머리와 허리를 곧게 유지하고, 양손은 언더핸드 그립으로 덤벨의 가운데 부분을 잡고 허벅지 앞쪽에 위치시킨다.

② 상완 부위를 몸통에 고정시키고 팔꿈치와 손목도 고정시킨다.

③ 덤벨을 위로 들어 올리면서 수축시키고, 올리는 동작 시 반동을 사용하지 않도록 한다.

④ 첫 동작으로 천천히 돌아오면서 근육을 이완시키고, 다시 반복한다.

 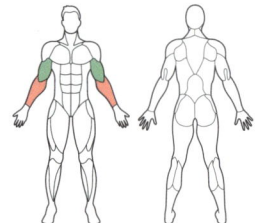 • 상완 이두근

- 주동근: 상완 이두근
- 협응근: 전완근

02 해머 컬

▌평가기준
1. 덤벨을 뉴트럴 그립으로 잡았는가?
2. 상완근이 최대로 수축할 수 있도록 양팔을 동시에 굽혀 덤벨을 들어 올렸는가?
3. 팔꿈치가 어깨 뒤로 빠지지 않게 하고 있는가?
4. 팔꿈치가 움직이지 않도록 고정시켰는가?
5. 덤벨을 올릴 때 상체가 앞뒤로 움직이지 않도록 고정시켰는가?
6. 덤벨을 올릴 때 호흡을 내쉬고 있는가?

① 어깨 너비로 서서 머리와 허리를 곧게 핀 상태를 유지하고, 양손은 뉴트럴 그립으로 덤벨을 잡고 허벅지 옆에 위치시킨다.

② 상완 부위를 몸통에 고정시키고 팔꿈치와 손목도 고정시킨다.

③ 덤벨을 위로 들어 올리면서 근육을 수축시키고, 올리는 동작 시 반동을 이용하지 않도록 한다.

④ 첫 동작으로 천천히 돌아가면서 근육을 이완시키고, 다시 반복한다.

 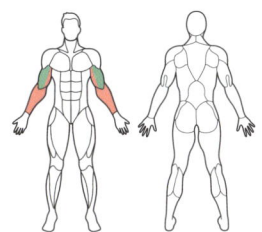 • 상완 이두근

 • **주동근**: 상완 이두근(장두)
• **협응근**: 전완근, 상완 요골근

03 바벨 컬

▍평가기준
1. 스탠다드 언더핸드 그립으로 바벨을 잡았는가?
2. 바를 잡는 양손의 간격이 어깨너비 정도인가?
3. 팔꿈치가 어깨 뒤로 빠지지 않게 하고 있는가?
4. 팔꿈치가 움직이지 않도록 고정시켰는가?
5. 바를 들어 올릴 때 호흡을 내쉬고 있는가?

① 어깨 너비로 서서 머리와 허리를 곧게 유지하고, 양손은 스탠다드 그립과 언더핸드 그립으로 바벨을 잡고 허벅지 앞쪽에 위치시킨다.

② 상완 부위를 몸통에 고정시키고 팔꿈치와 손목도 고정시킨다.

③ 바벨을 위로 들어 올리면서 근육을 수축시키고, 올리는 동작 시 반동을 사용하지 않도록 한다.

④ 첫 동작으로 천천히 돌아가면서 근육을 이완시키고, 다시 반복한다.

 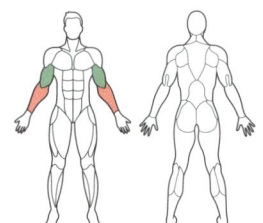 • 상완 이두근

 • 주동근: 상완 이두근
• 협응근: 전완근

04 스쿼팅 바벨 컬

■ 평가기준
1. 스탠다드 언더핸드 그립으로 바벨을 잡았는가?
2. 바를 잡는 양손의 간격이 어깨너비 정도인가?
3. 팔꿈치가 어깨 뒤로 빠지지 않게 하고 있는가?
4. 스쿼트 자세에서 무릎 관절에 팔꿈치를 대고 주관절을 고정시켰는가?
5. 바를 들어 올릴 때 호흡을 내쉬고 있는가?

① 스쿼트의 앉은 자세에서 허리를 굽히지 않고 팔꿈치를 슬개골 무릎 앞에 위치시킨다
② 상완 부위를 몸통에 고정시키고 팔꿈치와 손목도 고정시킨다.
③ 바벨을 위로 들어 올리면서 근육을 수축시키고, 올리는 동작 시 반동을 사용하지 않도록 한다.
④ 첫 동작으로 천천히 돌아가면서 근육을 이완시키고, 다시 반복한다.

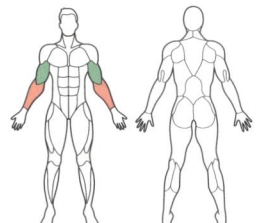
• 상완 이두근

• 주동근: 상완 이두근
• 협응근: 전완근

05 컨센트레이션 컬

■ 평가기준
1. 덤벨을 잡고 벤치에 앉아있는가?
2. 뉴트럴 그립으로 덤벨을 잡았는가?
3. 팔꿈치를 대퇴부 안쪽에 고정하였는가?
4. 반대편 손을 대퇴부에 고정시켜 상체를 안정적으로 지지하였는가?
5. 숨을 내쉬면서 팔꿈치를 구부려 전완을 들어 올리고 다시 시작 자세로 돌아오며 숨을 들이마시는가?

① 벤치에 앉은 후 상완 부위를 허벅지 안쪽에 고정시킨다.
② 덤벨을 위로 들어 올리면서 근육을 수축시킨다.
③ 첫 동작으로 천천히 돌아가면서 근육을 이완시킨다.

 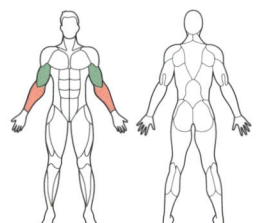 • 상완 이두근

 • **주동근:** 상완 이두근
• **협응근:** 전완근

06 리버스 그립 바벨 컬

■ 평가기준
1. 서서 오버 그립으로 바벨을 잡았는가?
2. 숨을 내쉬면서 팔꿈치를 굽혀 바벨을 들어 올리고 다시 내리면서 숨을 들이 마시는가?
3. 팔꿈치가 움직이지 않도록 고정시켰는가?
4. 상위 구간에서 손목이 아래로 굽혀지지 않도록 주의하였는가?

① 어깨 너비로 서서 머리와 허리를 곧게 유지하고, 양손은 스탠다드 그립과 오버핸드 그립으로 바벨을 잡고 대퇴부 앞에 고정시킨다.
② 상완 부위를 몸통에 고정시키고 팔꿈치와 손목도 고정시킨다.
③ 바벨을 위로 들어 올리면서 근육을 수축시키고, 올리는 동작 시 반동을 사용하지 않도록 한다.
④ 첫 동작으로 천천히 돌아가면서 근육을 이완시키고, 다시 반복한다.

 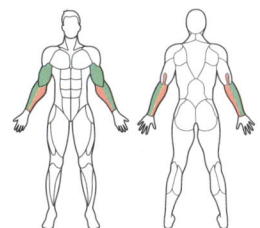 • 상완 이두근

• **주동근**: 상완 이두근(장두), 상완 요골근
• **협응근**: 전완근

07 얼터네이트 덤벨 컬

■ 평가기준
1. 덤벨을 최대로 들어 올리며 손목을 외전하여 이두박근의 수축을 유도하였는가?
2. 덤벨을 올릴 때 상체가 앞뒤로 움직이지 않도록 고정시켰는가?
3. 팔꿈치가 어깨 뒤로 빠지지 않게 하고 있는가?
4. 팔꿈치가 움직이지 않도록 고정시켰는가?
5. 덤벨을 올릴 때 호흡을 하고 있는가?
6. 양팔을 교대로 들어 올리는가?

① 어깨 너비로 서서 머리와 허리를 곧게 유지하고, 양손은 언더핸드 그립으로 덤벨을 잡는다.

② 상완 부위를 몸통에 고정시키고 팔꿈치와 손목도 고정시킨다.

③ 두 팔을 번갈아가며, 위로 들어 올려주면서 근육을 수축시켜주고, 올리는 동작 시 반동을 사용하지 않으며 호흡은 내쉰다.

④ 첫 동작으로 돌아가면서 근육을 이완시키고 호흡을 들이마신다.

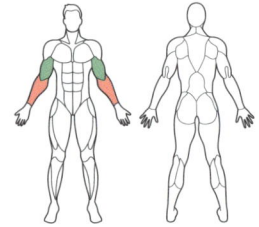

- 상완 이두근

- **주동근**: 상완 이두근
- **협응근**: 전완근

08 얼터네이트 해머 컬

■ 평가기준
1. 덤벨을 뉴트럴그립으로 잡았는가?
2. 팔꿈치가 어깨 뒤로 빠지지 않게 하고 있는가?
3. 팔꿈치가 움직이지 않도록 고정시키고 있는가?
4. 덤벨을 올릴 때 호흡을 하고 있는가?
5. 양팔을 교대로 들어 올리는가?

① 어깨 너비로 서서 머리와 허리를 곧게 유지하고, 양손은 뉴트럴 그립으로 덤벨을 잡는다.

② 상완 부위를 몸통에 고정시키고 팔꿈치와 손목도 고정시킨다.

③ 두 팔을 번갈아가며, 위로 들어 올려주면서 근육을 수축시켜주고, 올리는 동작 시 반동을 사용하지 않으며 호흡은 내쉰다.

④ 첫 동작으로 돌아가면서 근육을 이완시키고 호흡을 들이마신다.

 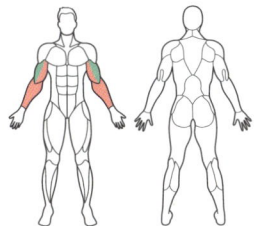 • 상완 이두근　　 • **주동근**: 상완 이두근(장두), 상완 요골근
• **협응근**: 전완근

09 덤벨 리스트 컬

■ 평가기준
1. 벤치에 앉아서 대퇴부에 전완부를 위치했는가? 또는 벤치에 전완부를 위치했는가?
2. 언더그립으로 덤벨을 잡았는가?
3. 숨을 내쉬며 손목을 올리고, 손목을 내리면서 숨을 들이쉬는가?
4. 팔꿈치가 움직이지 않도록 고정시키고 있는가?

① 한 손은 언더핸드 그립으로 덤벨을 잡아주고, 머리와 허리를 곧게 핀 상태로 벤치나 매트 위에 앉는다.
② 덤벨이 흔들리지 않게 균형을 잡은 상태에서 허벅지 앞쪽에 전완부를 올려준다.
③ 덤벨을 위로 올리면서 호흡은 내쉬고, 근육을 수축시켜준다.
④ 첫 동작으로 돌아가면서 호흡을 들이마시고 근육을 이완시킨다.

 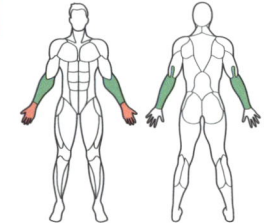 • 전완근

- **주동근**: 요측, 척측수근굴근
- **협응근**: 장장근, 단지굴근, 단무지굴근

10 덤벨 리버스 리스트 컬

■ 평가기준
1. 벤치에 앉아서 대퇴부에 전완부를 위치했는가? 또는 벤치에 전완부를 위치했는가?
2. 오버그립(손등을 하늘 위로)으로 덤벨을 잡았는가?
3. 숨을 내쉬며 손목을 올리고, 손목을 내리면서 숨을 들이쉬는가?
4. 팔꿈치가 움직이지 않도록 고정시키고 있는가?

① 한 손은 오버그립으로 덤벨을 잡아주고, 머리와 허리를 곧게 핀 상태로 벤치나 매트 위에 앉는다.
② 덤벨이 흔들리지 않게 균형을 잡은 상태에서 허벅지 앞쪽에 전완부를 올려준다.
③ 덤벨을 위로 올리면서 호흡은 내쉬고, 근육을 수축시켜준다.
④ 첫 동작으로 돌아가면서 호흡을 들이마시고 근육을 이완시킨다.

 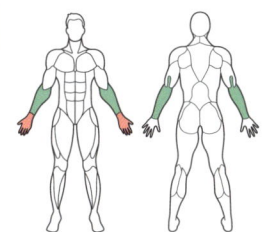 • 전완근

 • 주동근: 요측, 척측수근신근
• 협응근: 장장근, 단지굴근, 단무지굴근

11 바벨 리스트 컬

■ 평가기준
1. 벤치에 앉아서 대퇴부에 전완부를 위치했는가? 또는 벤치에 전완부를 위치했는가?
2. 언더그립으로 바벨을 잡았는가?
3. 숨을 내쉬며 손목을 올리고, 손목을 내리면서 숨을 들이쉬는가?
4. 팔꿈치가 움직이지 않도록 고정시키고 있는가?

① 벤치에 앉아서 대퇴부에 팔을 올려놓은 상태에서 언더핸드 그립으로 바벨을 잡아준다.
② 손목을 올리면서 근육을 수축시키고 호흡은 내쉰다.
③ 첫 동작으로 돌아가면서 근육을 이완시키고 호흡은 들이마신다.

 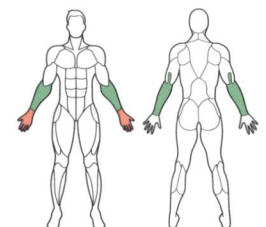 • 전완근

 • **주동근**: 전완근, 요측, 척측수근굴근
• **협응근**: 장장근, 단지굴근, 단무지굴근

12 바벨 리버스 리스트 컬

■ 평가기준
1. 벤치에 앉아서 대퇴부에 전완부를 위치했는가? 또는 벤치에 전완부를 위치했는가?
2. 오버그립(손등을 하늘 위로)으로 바벨을 잡았는가?
3. 숨을 내쉬며 손목을 올리고, 손목을 내리면서 숨을 들이쉬는가?
4. 팔꿈치가 움직이지 않도록 고정시키고 있는가?

① 벤치에 앉아 대퇴부에 팔을 올려놓은 상태에서 오버핸드 그립으로 바벨을 잡아준다.
② 바벨이 흔들리지 않게 균형을 잡은 상태에서 허벅지 앞쪽에 전완부를 올려준다.
③ 바벨을 위로 올리면서 호흡은 내쉬고, 근육을 수축시켜준다.
④ 첫 동작으로 돌아가면서 호흡을 들이마시고 근육을 이완시킨다.

 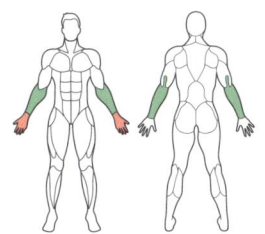 • 전완근

 • **주동근**: 전완근, 요측, 척측 수근 신근
• **협응근**: 장장근, 단지굴근, 단무지굴근

13 스탠딩 바벨 트라이셉스 익스텐션

■ 평가기준
1. 양발은 골반 너비로 벌리고 서서 몸의 중심을 잡았는가?
2. 서서 허리는 곧게 세우며 펴고 있는가?
3. 양손의 간격을 어깨너비보다 좁게 하고 있는가?
4. 바벨을 머리 뒤쪽으로 내리고 있는가?
5. 바벨을 잡은 상완이 지면과 수직이 되도록 하는가?
6. 동작 중에 양쪽 팔꿈치가 벌어지지 않도록 주의했는가?
7. 바벨을 내릴 때 숨을 들이마시고 올릴 때 내뱉고 있는가?

① 머리와 허리를 곧게 펴고, 내로우 그립으로 바벨을 잡아준다.
② 바벨을 머리 뒤로 내리면서 호흡을 들이마신다.
③ 두 팔의 팔꿈치를 펴면서 머리 위로 바벨을 들어 올리며 호흡을 내쉬고, 근육을 수축시킨다.
④ 첫 동작으로 돌아가면서 근육을 이완시키고 호흡은 들이마신다.

 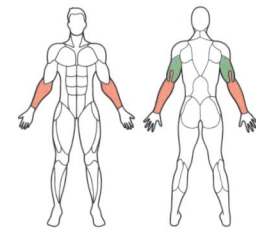 • 상완 삼두근   • **주동근**: 상완 삼두근
• **협응근**: 전완근

14 라잉 바벨 트라이셉스 익스텐션

■ 평가기준
1. 가슴은 들고 척추는 정상 만곡을 유지하고 있는가?
2. 양손의 간격을 어깨너비보다 좁게 하고 있는가?
3. 바벨을 머리 쪽으로 내리고 있는가?
4. 바벨을 잡은 팔이 지면과 수직이 되도록 하는가?
5. 바벨을 내릴 때 숨을 들이마시고 올릴 때 내뱉고 있는가?

① 벤치나 매트에서 가슴과 허리를 피고 누운 상태에서, 내로우 그립과 오버핸드 그립으로 바벨을 잡는다.
② 바벨이 흔들리지 않게 균형을 잡고 이마 위에 바벨이 올 수 있도록 하고, 팔꿈치와 손목을 고정시킨다.
③ 바벨을 가슴 위로 들어 올리면서 근육을 최대한 수축시키며 호흡을 내쉰다.
④ 첫 동작으로 돌아가면서 상완을 지면과 수직이 되도록 유지하고 근육을 이완시킨다.

 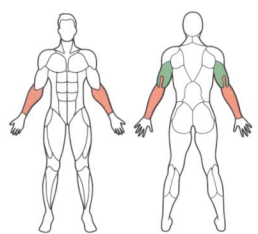 • 상완 삼두근   • **주동근**: 상완 삼두근
• **협응근**: 전완근

15 원암 덤벨 오버헤드 트라이셉스 익스텐션

■ 평가기준
1. 팔꿈치가 고정되어 있는가?
2. 덤벨이 내려갈 때 팔꿈치의 각도를 90도까지 내리는가?
3. 팔꿈치를 펼 때 호흡을 내쉬는가?
4. 동작 중에 팔꿈치가 벌어지지 않도록 주의하였는가?

① 머리와 허리를 편 상태에서 한손으로 덤벨을 뉴트럴 그립으로 잡는다.
② 덤벨을 머리 뒤로 90도까지 천천히 내리면서 호흡을 들이마신다.
③ 덤벨이 흔들리지 않게 균형을 잡고 머리 위로 들어 올리며, 근육을 수축시키며 호흡을 내쉰다.
④ 상완을 지면과 수직이 되도록 유지하며 근육을 이완시키며 호흡을 마신다.

 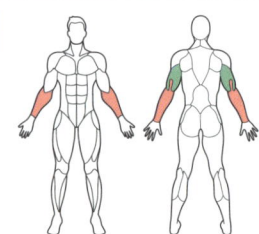 • 상완 삼두근   • **주동근**: 상완 삼두근
• **협응근**: 전완근

16 시티드 트라이셉스 익스텐션

■ 평가기준
1. 앉아서 허리는 곧게 세우며 펴고 있는가?
2. 양손의 간격을 어깨너비보다 좁게 하고 있는가?
3. 바벨을 머리 뒤쪽으로 내리고 있는가?
4. 바벨을 잡은 상완이 지면과 수직이 되도록 하는가?
5. 바벨을 내릴 때 숨을 들이마시고 올릴 때 내뱉고 있는가?

① 벤치에 앉아 머리와 허리를 핀 상태를 유지하고, 내로우 그립으로 바벨을 잡아준다.

② 바벨을 머리 뒤로 내리면서 호흡을 마신다.

③ 양팔의 팔꿈치를 피면서 머리 위로 바벨을 들어 올리며 호흡을 내쉬고 근육을 수축시킨다.

④ 첫 동작으로 돌아가면서 근육을 이완시키고 호흡을 들이마신다.

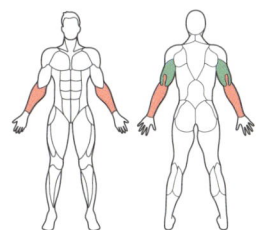

• 상완 삼두근

• **주동근**: 상완 삼두근
• **협응근**: 전완근

17 덤벨 킥 백

■ 평가기준
1. 운동 중 상완은 바닥과 수평인 상태를 유지했는가?
2. 팔꿈치는 몸통에서 붙인 상태를 유지했는가?
3. 덤벨을 잡은 팔은 90도로 굽혔는가?
4. 등은 곧게 편 상태를 유지했는가?
5. 발은 바닥에 밀착시켰는가?

① 한 손은 뉴트럴 그립으로 덤벨을 잡고 머리와 허리를 곧게 핀 상태를 유지한다.
② 상체가 지면과 수평이 되도록 허리를 구부려준다. 이때 상완 부위를 몸통에 밀착시켜 고정한다.
③ 덤벨을 뒤쪽으로 올리면서 팔꿈치를 피면서 근육을 수축시키고 호흡을 내쉰다.
④ 덤벨을 내리면서 상완이 지면과 수평이 되도록 유지하고 근육을 이완시키면서 호흡을 들이마신다.

 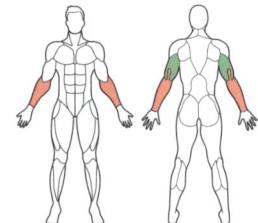 ・상완 삼두근　　 ・주동근: 상완 삼두근
・협응근: 전완근

18 벤치 딥

■ 평가기준
1. 다리를 펴 양발을 몸에서 먼 곳에 위치시켰는가?
2. 허리는 곧게 편 자세를 유지했는가?
3. 내리는 단계에 팔꿈치가 직각으로 내려가는가?
4. 하위 구간에서 팔꿈치가 몸 바깥쪽으로 벌어지지 않도록 주의하는가?
5. 올리는 단계에 팔꿈치가 완전히 펴지는가?
6. 호흡을 똑바로 하고 있는가?

① 머리와 허리를 편 상태를 유지하면서, 벤치에 상체를 두 팔로 지탱한다.
② 팔꿈치를 구부리며 상체를 아래로 내리고, 내리는 동작 시 호흡은 들이마시고 팔꿈치가 직각이 되도록 유지한다.
③ 상체를 위로 올리며 팔꿈치를 편다.
④ 이때 근육을 강하게 수축시키고 호흡을 내쉰다.

 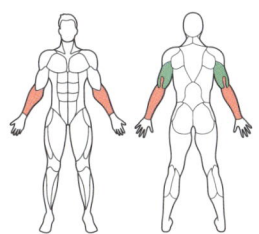 • 상완 삼두근　　 • 주동근: 상완 삼두근
　　　　　　　　　　　　　　　　　　　　　　　　• 협응근: 전완근

Chapter 05 상체 - 어깨

01 바벨 밀리터리 프레스

■ 평가기준
1. 어깨너비 또는 그보다 약간 넓은 간격으로 바벨을 잡았는가?
2. 바벨은 수평을 유지하며 머리 위로 밀어 올렸는가?
3. 반동 없이 얼굴 가까이 바닥과 수직으로 들어 올렸는가?
4. 올리는 단계에서 팔꿈치를 이용하지 않고 운동하였는가?
5. 운동 시 주동근의 긴장을 유지했는가?
6. 내리는 단계 시 갑자기 힘을 빼지 않고 팔꿈치를 천천히 굽혔는가?

① 어깨 너비로 서서 와이드 그립이나 오버핸드 그립으로 바벨을 잡아준다.

② 바벨을 턱 높이에 위치시키고 머리와 허리를 편 상태를 유지하며, 팔꿈치는 어깨 높이를 유지하며 균형을 잡아준다.

③ 바벨을 머리 위로 들어 올리며 근육을 수축시키며, 호흡을 내쉰다.

> **주의** 올리는 동작 시 상체가 뒤로 과도하게 기울지 않도록 주의한다.

④ 첫 동작으로 돌아가면서 근육을 이완시키고 호흡을 들이마신다.

운동부위 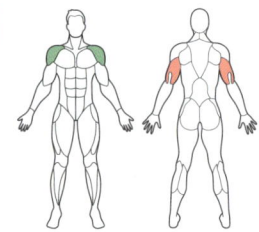 • 삼각근

운동근육
- **주동근**: 전면 삼각근
- **협응근**: 상완 삼두근

02 비하인드 넥 프레스

■ 평가기준
1. 어깨너비보다 넓은 간격으로 바벨을 잡았는가?
2. 바벨을 내릴 때 귓불의 위치까지 내렸는가?
3. 머리를 과도하게 숙이지 않았는가?
4. 반동 없이 머리 뒤쪽 가까이 바닥과 수직으로 들어 올렸는가?
5. 운동 시 주동근의 긴장을 유지했는가?

① 어깨 너비로 서서 와이드 그립과 오버핸드 그립으로 바벨을 잡아준다.
② 바벨을 머리 뒤에 위치시키고 머리와 허리를 편 상태를 유지하며, 팔꿈치는 어깨 높이를 유지하며 균형을 잡아준다.
③ 바벨을 머리 위로 들어 올리며 근육을 수축시키며, 호흡을 내쉰다.
④ 첫 동작으로 돌아가면서 근육을 이완시키고 호흡을 들이마신다.

 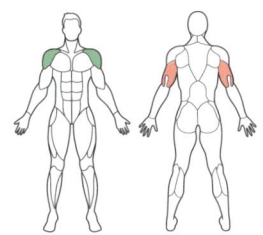 • 삼각근

- 주동근: 전면 삼각근
- 협응근: 상완 삼두근, 측면 삼각근

03 덤벨 숄더 프레스

▌평가기준
1. 운동 중 덤벨이 움직이지 않도록 통제하였는가?
2. 올리는 단계에서 팔꿈치를 이용하지 않고 운동하였는가?
3. 운동 시 주동근의 긴장을 유지했는가?

① 어깨 너비로 서서 오버핸드 그립으로 덤벨을 잡아주고, 덤벨을 머리 옆에 위치시키고 머리와 허리를 곧게 유지한다.
② 손목은 고정한 상태로 팔꿈치를 어깨 높이에 유지한다.
③ 덤벨을 머리 위로 들어 올리며 근육을 수축시키며 호흡을 내쉰다.
   주의 올리는 동작 시 상체가 뒤로 과도하게 기울지 않도록 주의한다.
④ 첫 동작으로 돌아가면서 팔꿈치의 각도는 90도를 유지하고 근육을 이완시키면서 호흡을 들이마신다.

 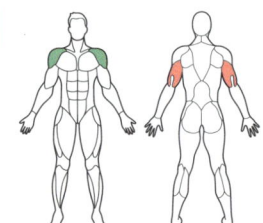 • 삼각근　　 • 주동근: 전면 삼각근
• 협응근: 상완 삼두근

04 덤벨 래터럴 레이즈

■ 평가기준
1. 뉴트럴 그립으로 덤벨을 잡았는가?
2. 옆으로 올리는 동작 시 상체를 곧게 펴고 시선은 정면을 유지했는가?
3. 덤벨을 잡은 손이 팔꿈치보다 아래에 있는가?
4. 덤벨을 들어 올릴 때 손목이 회전하지 않도록 고정했는가?
5. 몸통을 곧게 폈는가?
6. 올리는 단계에서 숨을 내쉬었는가?
7. 내리는 동작 시 몸통이 견고하게 지지하고 있는가?

① 어깨 너비로 서서 양손으로 덤벨을 잡고 허벅지 옆에 위치시킨다.
② 반동을 이용하지 않고 어깨의 힘으로만 덤벨을 양옆으로 들어 올리며 근육을 수축시킨다. 올리는 동작에서 호흡은 내쉰다.
③ 첫 동작으로 돌아가면서 근육을 이완시키고 호흡을 들이마신다.

 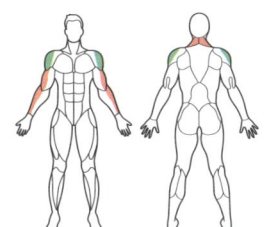 • 삼각근   • **주동근**: 측면 삼각근
• **협응근**: 전완근, 상부 승모근, 전거근

05 덤벨 프런트 레이즈

■ 평가기준
1. 오버 그립으로 덤벨을 잡았는가?
2. 양발은 골반너비로 벌렸는가?
3. 위로 올리는 동작 시 상체를 곧게 펴고 시선은 정면을 유지했는가?
4. 어깨보다 약간 높은 위치(눈높이)까지 팔을 들어 올렸는가?
5. 몸통을 곧게 폈는가?
6. 덤벨을 들어 올릴 때 손목이 회전하지 않도록 고정했는가?
7. 올리는 단계에서 숨을 내쉬었는가?
8. 내리는 동작 시 몸통이 견고하게 지지하고 있는가?

① 어깨 너비로 서서 상체를 곧게 핀 상태를 유지한다.
② 양손으로 덤벨을 잡고 허벅지 앞에 위치시킨다.
③ 양팔을 어깨 높이까지 들어 올리며 수축시키며, 이때 호흡을 내쉰다.
④ 첫 동작으로 돌아가면서 근육을 이완시키고 호흡을 들이마신다.

 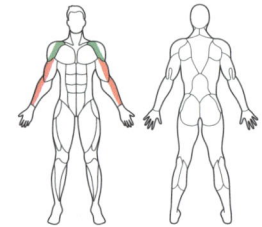 • 삼각근   • **주동근**: 전면 삼각근
• **협응근**: 전완근

06 벤트 오버 래터럴 레이즈

■ 평가기준
1. 뉴트럴 그립으로 덤벨을 잡았는가?
2. 양발은 어깨너비보다 약간 좁게 벌린 상태에서 평행하게 만들었는가?
3. 상체를 구부린 자세(수평보다 약간 높은 각도)에서 팔꿈치와 상완이 덤벨보다 높은 상태를 유지하고 있는가?
4. 몸통을 곧게 펴고 무릎은 약간 구부린 자세를 유지했는가?
5. 덤벨을 들어 올릴 때 손목이 회전하지 않도록 고정했는가?
6. 모든 동작의 단계에서 몸의 반동을 이용하지 않았는가?

① 어깨 너비로 서서 상체가 지면과 수평이 되도록 앞으로 구부려준다.

② 양옆으로 덤벨을 들어 올리며 근육을 수축시키고, 어깨 높이까지 팔을 들어 올려주고 호흡은 내쉰다.

③ 첫 동작으로 돌아가면서 근육을 이완시키고 호흡을 들이마신다.

 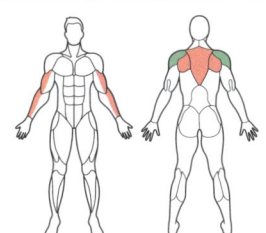 • 승모근, 삼각근   • **주동근**: 후면 삼각근
• **협응근**: 전완근, 중부 승모근

07 바벨 프런트 레이즈

■ 평가기준
1. 위로 올리는 동작 시 상체를 곧게 펴고 시선은 정면을 유지했는가?
2. 어깨보다 약간 높은 위치까지 팔을 들어 올렸는가?
3. 몸통을 곧게 폈는가?
4. 올리는 단계에서 숨을 내쉬었는가?
5. 내리는 동작 시 몸통이 견고하게 지지하고 있는가?

① 어깨 너비로 서서 양손에 바벨을 잡고 허벅지 앞에 위치시킨다.

② 시선은 정면을 유지하고 바벨을 앞으로 들어 올려주며 근육을 수축시킨다. 이때 바벨을 어깨 높이까지 들어 올려주고 호흡은 내쉰다.

③ 첫 동작으로 돌아가면서 근육을 이완시키고 호흡을 들이마신다.

 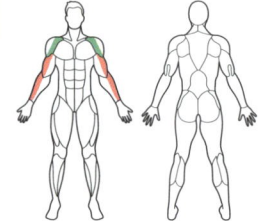 • 삼각근   • **주동근**: 전면 삼각근
• **협응근**: 전완근

08 바벨 업라이트 로우

■ 평가기준
1. 양손을 어깨너비 간격으로 벌린 후 오버 그립으로 바벨을 잡고 있는가?
2. 바벨을 들어 올렸을 때 팔꿈치가 어깨와 평행이 되었는가?
3. 바벨을 쇄골 높이까지 들어 올렸는가?
4. 손이 팔꿈치보다 높이 올라가지 않도록 했는가?
5. 허리를 곧게 펴고 있는가?
6. 시선은 정면을 주시하고 있는가?

① 어깨 너비로 서서 오버핸드 그립으로 바벨을 잡아주고, 바벨은 허벅지 앞에 위치시켜준다.
② 양쪽 팔꿈치를 바깥 방향으로 향하게 하며, 위로 들어 올려주면서 근육을 수축시켜준다. 팔꿈치와 상완을 어깨 높이만큼만 올려주면서 호흡을 내쉰다.
③ 첫 동작으로 돌아가면서 근육을 이완시키고 호흡을 들이마신다.

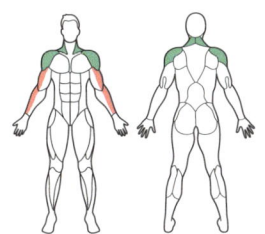

- 승모근, 삼각근
- **주동근**: 상부 승모근, 삼각근
- **협응근**: 전완근, 상완 이두근

09 덤벨 쉬러그

▌평가기준
1. 어깨너비로 서서 양손에 덤벨을 들고 있는가?
2. 등을 곧게 펴고 있는가?
3. 천천히 어깨를 끌어올리고 내리는가?

① 어깨 너비로 서서 상체를 편 상태를 유지한다.
② 덤벨을 잡은 상태로 허벅지 옆에 위치시킨다.
③ 어깨를 들어 올리면서 근육을 수축시키고, 올리는 동작 시 반동을 이용하지 않도록 주의한다.
④ 첫 동작으로 돌아가면서 근육을 이완시키고 호흡을 들이마신다.

 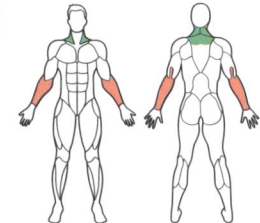 • 승모근   • **주동근**: 상부 승모근
• **협응근**: 전완근

10 바벨 쉬러그

■ 평가기준
1. 어깨너비로(어깨너비보다 약간 좁게) 서서 바벨을 어깨너비 스탠다드 그립으로 잡았는가?
2. 등을 곧게 펴고 있는가?
3. 천천히 어깨를 끌어올리고 내렸는가?

① 어깨 너비로 서서 상체를 편 상태를 유지한다.

② 바벨을 스탠다드 그립과 오버핸드 그립으로 잡은 상태로 허벅지 앞에 위치시킨다.

③ 어깨를 들어 올리면서 근육을 수축시키고, 올리는 동작 시 반동을 이용하지 않도록 주의한다.

④ 첫 동작으로 돌아가면서 근육을 이완시키고 호흡을 들이마신다.

 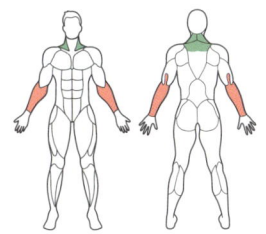 • 승모근

 • **주동근**: 상부 승모근
• **협응근**: 전완근

Chapter 06 하체

01 백 스쿼트

■ 평가기준
1. 바벨이 승모근(상부)에 위치하고 있는가?
2. 시선은 정면을 향하도록 했는가?
3. 발의 모양은 약간 V자로 발끝이 바깥을 향하도록 했는가?
4. 몸통과 바닥이 이루는 각도를 일정하게 유지하면서 서서히 앉았는가?
5. 무게중심을 양발과 중앙 부분에 놓이게 했는가?
6. 뒤꿈치가 바닥에서 떨어지지 않도록 했는가?
7. 대퇴가 바닥과 수평이 될 때까지 앉았는가?
8. 일어설 때 반동을 이용하거나 상체를 구부리지 않았는가?

① 어깨 너비로 서서 상체를 편 상태를 유지하며, 바벨을 승모근 위에 위치하도록 두고 시선은 정면을 바라본다.
② 엉덩이를 뒤로 빼면서 무릎은 모이지 않도록 하면서 허벅지가 지면과 수평이 되도록 앉아준다.
③ 발바닥에 힘을 주어 상체를 편 상태를 유지하면서 올라오고, 이때 호흡을 내쉰다.

 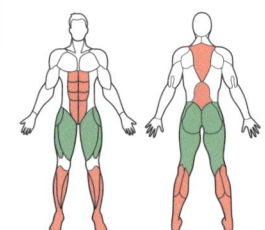   • 전신

 • **주동근**: 대퇴사두근, 대둔근, 햄스트링
• **협응근**: 척추기립근, 하퇴부, 코어 근육

02 프런트 스쿼트

■ 평가기준
1. 양발은 어깨너비로 했는가?
2. 바벨은 쇄골과 어깨로 지탱하고 있는가?
3. 가슴과 팔꿈치를 들고 허리는 꼿꼿이 세우고 있는가?
4. 무릎이 발끝을 넘지 않고 있는가?
5. 시선은 정면을 주시하고 있는가?

① 어깨 너비로 서서 상체를 핀 상태를 유지하며, 바벨을 가슴 상부 위에 위치하도록 두고 시선은 정면을 바라본다.

② 엉덩이를 뒤로 빼면서 무릎은 모이지 않도록 하면서 허벅지가 지면과 수평이 되도록 앉아준다.

③ 발바닥에 힘을 주어 상체를 핀 상태를 유지하면서 올라오고, 이때 호흡을 내쉰다.

● 참고 ●

스쿼트 운동의 종류
- 발의 너비에 따라 '스탠다드 스쿼트', '내로우 스쿼트', '와이드 스쿼트'가 있다.
- 목적에 따라 '프런트 스쿼트', '하이바 스쿼트', '로우바 스쿼트', '오버헤드 스쿼트' 등이 있다.

 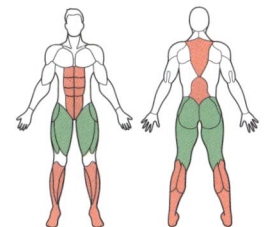
- 전신(백스쿼트보다 전면 사슬)

- **주동근**: 대퇴사두근, 대둔근, 햄스트링
- **협응근**: 척추기립근, 하퇴부, 코어 근육

03 와이드 스탠스 스쿼트

■ 평가기준
1. 양발간격이 어깨 넓이보다 넓은가?
2. 시선은 정면을 향하는가?
3. 발의 모양은 약간 V자로 발끝이 바깥을 향하도록 했는가?
4. 몸통과 바닥이 이루는 각도를 일정하게 유지하면서 서서히 앉았는가?
5. 무게중심을 양발과 중앙 부분에 놓이게 했는가?
6. 뒤꿈치가 바닥에서 떨어지지 않도록 했는가?
7. 대퇴가 바닥과 수평이 될 때까지 앉았는가?
8. 일어설 때 반동을 이용하거나 상체를 구부리지 않았는가?

① 어깨 너비보다 발 간격을 넓게 서서 가슴을 펴고 정면을 바라본다.
② 엉덩이를 뒤로 빼면서 무릎은 모이지 않게 허벅지가 수평이 되도록 앉아준다.
③ 발바닥에 힘을 주어 상체를 핀 상태를 유지하면서 올라오며 호흡을 내쉰다.

 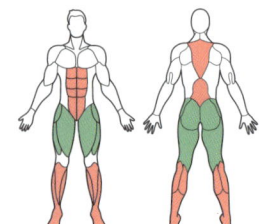 • 하체 내측 사슬근육   • **주동근**: 대퇴사두근, 내전근, 햄스트링
• **협응근**: 척추기립근, 코어근육

04 풀(딥) 스쿼트

■ 평가기준
1. 양발은 어깨너비로 하였는가?
2. 시선은 정면을 향하는가?
3. 발의 모양은 약간 V자로 발끝이 바깥을 향하도록 했는가?
4. 몸통과 바닥이 이루는 각도를 일정하게 유지하면서 서서히 앉았는가?
5. 무게중심을 양발과 중앙 부분에 놓이게 했는가?
6. 뒤꿈치가 바닥에서 떨어지지 않도록 했는가?
7. 고관절이 무릎보다 더 아래로 내려가 앉았는가?
8. 일어설 때 반동을 이용하거나 상체를 구부리지 않았는가?

① 어깨 너비로 서서 가슴을 펴고 정면을 바라본다.
② 엉덩이를 뒤로 빼면서 무릎은 모이지 않게 고관절이 무릎보다 더 내려가도록 앉아준다.
③ 발바닥에 힘을 주어 상체를 핀 상태를 유지하면서 올라오며 호흡을 내쉰다.

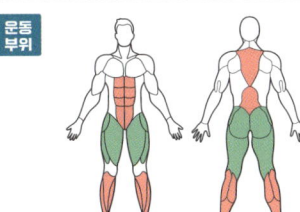

• 하체 내측 사슬근육

• 주동근: 대퇴사두근, 내전근, 햄스트링, 대둔근
• 협응근: 척추기립근, 코어근육

05 바벨 런지

■ 평가기준
1. 앞으로 내딛는 다리의 발바닥이 바닥에 닿도록 했는가?
2. 허리와 등을 곧게 편 상태로 유지하고 몸의 균형을 잡았는가?
3. 무릎이 발끝보다 나오지 않게 하였는가?
4. 올라오는 단계에서 숨을 내쉬었는가?
5. 동작 중 앞발과 무릎이 일직선을 유지하는가?
6. 바벨이 승모근에 위치하고 있는가?

① 어깨 너비로 서서 상체를 핀 상태를 유지하며, 바벨을 승모근 위에 위치하도록 두고 시선은 정면을 바라본다.
② 엉덩이를 뒤로 빼면서 무릎은 모이지 않도록 하면서 허벅지가 지면과 수평이 되도록 앉아준다.
③ 발바닥에 힘을 주어 상체를 핀 상태를 유지하면서 올라오고, 이때 호흡을 내쉰다.

 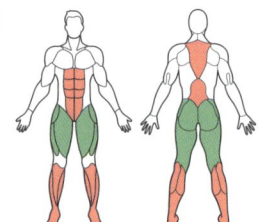
• 전신

- **주동근**: 대퇴사두근, 대둔근, 햄스트링
- **협응근**: 척추기립근, 하퇴부, 코어 근육

06 덤벨 런지

■ 평가기준
1. 양발을 어깨너비보다 약간 좁게 벌린상태에서 평행하게 만들었는가?
2. 앞으로 내딛는 다리의 발바닥이 바닥에 닿도록 했는가?
3. 허리와 등을 곧게 편 상태로 유지하고 몸의 균형을 잡았는가?
4. 무릎이 발끝보다 나오지 않게 하였는가?
5. 올라오는 단계에서 숨을 내쉬었는가?
6. 덤벨을 양손에 들고 덤벨이 흔들리지 않게 유지하는가?
7. 시선은 정면을 향하도록 했는가?

① 어깨 너비로 서서 상체를 핀 상태를 유지하며, 덤벨을 허벅지 옆에 위치하도록 두고 시선은 정면을 바라본다.
② 몸 전체의 균형을 유지하며, 한 발을 앞으로 내딛어주고, 무릎을 90도로 구부리며 앉아준다.
③ 상체는 곧게 유지하고 발바닥에 힘을 유지하며, 다시 일어나며 근육을 수축시키고, 호흡은 내쉰다.

 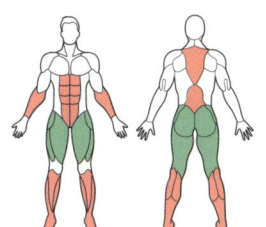 • 전신

- **주동근**: 대퇴사두근, 대둔근, 햄스트링
- **협응근**: 척추기립근, 하퇴부, 코어 근육, 전완근

07 시티드 카프 레이즈

■ 평가기준
1. 앉은 상태로 발뒤꿈치를 최대한 들어 올리고 있는가?
2. 발뒤꿈치가 지면에 닿기 전에 다시 올리는가?

① 상체를 곧게 펴고 벤치에 앉는다.
② 덤벨을 허벅지 위에 올려주고, 발뒤꿈치를 올려주면서 호흡을 내쉬며, 근육을 수축시킨다.
③ 첫 동작으로 돌아가면서 호흡을 들이마시면서 근육을 이완시킨다.

 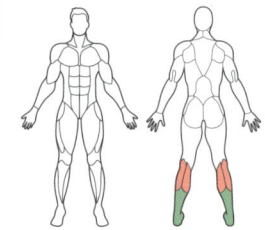 • 종아리   • 주동근: 가자미근
• 협응근: 비복근

08 스탠딩 카프 레이즈

■ 평가기준
1. 선 상태로 발 뒤꿈치를 최대한 들어올리고 있는가?
2. 발 뒤꿈치가 지면에 닿기 전에 다시 올리는가?

① 발 간격을 골반 넓이로 두고 두 번째 발가락을 나란히 선다.
② 덤벨 혹은 바벨로 무게 부하를 얹은 후, 발 뒤꿈치를 올려주며 호흡을 내쉬고 종아리 근육을 수축시킨다.
③ 첫 동작으로 돌아가면서 호흡을 마시고 근육을 이완시킨다.

 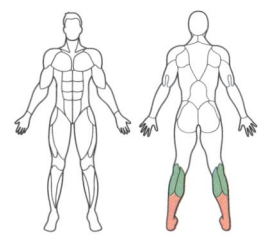 • 종아리

 • 주동근: 비복근
• 협응근: 가자미근

09 힙 브릿지

■ 평가기준
1. 천장을 바라보고 누워 양팔은 펴서 손바닥을 바닥에 대고 무릎은 세웠는가?
2. 숨을 내쉬면서 엉덩이를 위로 올렸는가?
3. 동작 시 허리를 곧게 펴고 엉덩이에 긴장을 주고 있는가?

① 매트에 천장을 보도록 누운 자세를 유지한다.
② 양발을 90도로 구부린 상태로 무릎을 세워주고, 양손은 엉덩이 옆에 위치시킨다.
③ 엉덩이를 천장 방향으로 들어올려주며, 호흡은 내쉬고, 근육은 수축시켜준다.
④ 첫 동작으로 돌아가면서 근육은 이완시키고 호흡은 들이마신다.

 운동부위 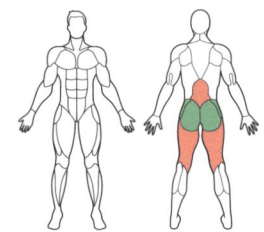 • 대둔근   운동근육
- **주동근**: 대둔근
- **협응근**: 햄스트링, 척추기립근

10 덩키 킥

■ 평가기준
1. 엎드린 자세로 한쪽 다리의 허벅지가 수평이 되도록 들어 올리는가?
2. 골반이 바닥과 수평이 되도록 유지하였는가?
3. 골반이 틀어지지 않도록 중심을 잡고 있는가?

① 매트에 상체를 곧게 편 상태로 엎드린다.

② 몸통과 팔, 다리가 사각형을 만든다고 생각하며, 상체와 지면이 수평을 이루게 만든다.

③ 한쪽 발씩 뒤로 뻗으며 호흡을 내쉬고 근육을 수축시켜준다. 이때 골반과 허벅지가 지면과 수평을 이루도록 한다.

④ 첫 동작으로 돌아가면서 근육은 이완시키고 호흡은 들이마신다.

 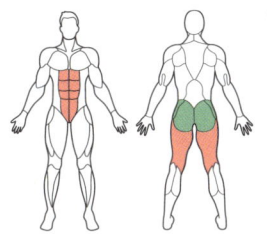 • 대둔근

• 주동근: 대둔근
• 협응근: 햄스트링, 코어

11 바벨 힙 트러스트

■ 평가기준
1. 다리를 적절한 위치에 놓고 벤치에 누웠는가?
2. 바벨이 골반에 잘 위치 하였는가?
3. 올리는 동작에서 호흡을 내뱉고 엉덩이(둔근)를 확실히 수축시켰는가?
4. 내리는 동작에 호흡을 마시는가?

① 상체를 편 상태로 벤치에 등을 기댄 후 무릎을 세워서 자세를 취한다.
② 그 후 바벨을 고관절 부위에 올려준다.
③ 엉덩이를 천장 방향으로 들어 올리며 근육을 수축시키고, 호흡은 내쉬어준다.
④ 첫 동작으로 돌아가면서 근육은 이완시키고 호흡은 들이마신다.

 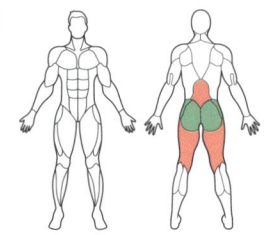 • 대둔근   • 주동근: 대둔근
• 협응근: 햄스트링, 척추기립근

12 스티프 레그 데드리프트

■ 평가기준
1. 스탠다드 오버핸드 그립으로 바벨을 잡았는가?
2. 양 발을 어깨너비보다 약간 좁은 간격으로 섰는가?
3. 고개는 들고 정면을 주시하며 동작을 실시하고 있는가?
4. 올리는 동작 시 바벨이 대퇴부에 가까이 위치하여 올려지는가?
5. 동작 수행 간 무릎의 관절은 구부러지지 않았는가?
6. 척추 기립근은 펴져 있는가?

① 내로우 스탠스로 서서 바벨을 오버그립으로 잡는다.

② 상체는 곧게 편 상태로 허리가 꺾이지 않도록 주의하며, 엉덩이를 뒤로 밀며 바벨을 몸에 최대한 부착시키고 내려가도록 한다. 이때 내려가기 전 숨을 크게 들이마시고 참고 내려간다.

③ 허리와 등을 곧게 다시 엉덩이를 수축시키며 만들고, 바벨을 허벅지에 최대한 밀착한 상태로 들어 올린다. 들어 올린 후 호흡을 내쉰다.

 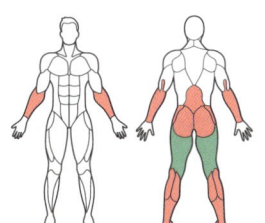
• 햄스트링

• **주동근**: 반건양근, 반막양근, 대퇴이두근
• **협응근**: 척추기립근, 대둔근, 하퇴부 근육

Chapter 07 복부 - 복근

01 덤벨 사이드 밴드

■ 평가기준
1. 양발은 골반 너비로 벌렸는가?
2. 덤벨을 옆구리에 밀착시키는가?
3. 엉덩이가 앞뒤로 흔들리지 않게 통제하는가?
4. 덤벨이 몸에서 멀어지지 않도록 운동하고 있는가?
5. 엉덩이가 좌우로 과도하게 움직이지 않는가?

① 어깨 너비로 서서 상체를 곧게 편 자세를 유지한다.
② 덤벨을 쥔 방향으로 몸통을 기울이며 근육을 이완시키고 호흡을 들이마신다.
③ 상체를 다시 일으키며 엉덩이가 흔들리지 않도록 하고, 덤벨이 몸에서 멀어지지 않도록 한다.
④ 상체를 일으킬 때 호흡을 내쉬고 다시 근육을 수축시킨다.

운동부위	운동근육
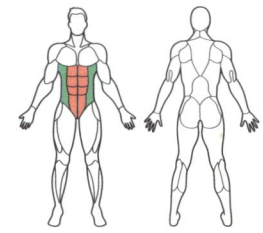 • 코어	• 주동근: 복사근 • 협응근: 복직근

02 크런치

▌평가기준
1. 목을 고정한 상태에서 상체를 숙였는가?
2. 과도하게 목을 꺾지 않았는가?
3. 양 어깨가 바닥에 닿지 않을 정도까지 내렸는가?
4. 들어 올리는 단계에서 몸통의 반동을 이용하지 않았는가?
5. 양손을 머리에서 떨어뜨리지 않고 운동을 실시하였는가?
6. 허리를 바닥에서 떨어뜨리지 않았는가?
7. 상체를 과하게 올리지 않았는가?

① 매트에 천장을 보게 눕고 양손을 깍지를 끼고 머리 뒤에 위치시킨다.
② 상체를 위로 들어 올리며 호흡을 내쉬고 근육을 수축시킨다. 이때 반동을 사용하지 않고 깍지가 풀리지 않도록 한다.
③ 첫 동작으로 돌아오면서 호흡을 들이마시며 근육을 이완시킨다.

 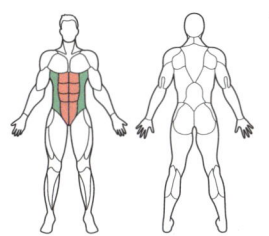 · 코어   · **주동근**: 복직근(상부)
· **협응근**: 복사근

03 레그 레이즈

■ 평가기준
1. 숨을 내쉬며 양발이 바닥과 90도를 이룰 때까지 올렸는가?
2. 무릎이 고관절을 지나지 않도록 가동범위를 제한했는가?
3. 양어깨와 등 상부를 바닥과 밀착시켰는가?
4. 발끝이 바닥에 닿지 않을 정도까지 천천히 내렸는가?
5. 올리는 단계에 숨을 내쉬었는가?

① 매트에 천장을 보고 누워 양손을 허벅지 옆에 위치하게 한다. 이때 상체를 곧게 편 상태를 유지하고 지면과 밀착시킨다.
② 양발을 곧게 편 상태에서 들어 올려준다.
③ 양발을 들어 올리면서 호흡을 내쉬며 근육을 수축시킨다. 양발은 90도까지 들어준다.
④ 뒷꿈치가 지면에 닿지 않게 하며 내려주고, 이때 호흡을 들이마시며 근육을 이완시킨다.

 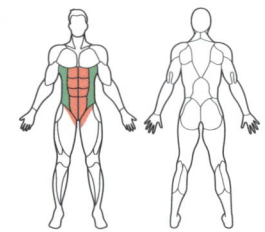 · 코어   · 주동근: 복직근(상부)
· 협응근: 복사근, 대요근, 장골근

04 오블리그 크런치

■ 평가기준
1. 목이 고정된 상태에서 상체를 숙였는가?
2. 양어깨가 바닥에 닿지 않을 정도까지 내렸는가?
3. 들어 올리는 단계에서 몸통의 반동을 이용하지 않았는가?
4. 손을 머리에서 떨어트리지 않고 운동을 실시하였는가?
5. 근육이 최대로 수축하는 지점에서 호흡을 내쉬는가?

① 매트에 천장을 보게 눕고 양손은 깍지를 끼고 머리 뒤에 위치시킨다.
② 상체를 곧게 편 자세를 유지하며, 상체는 천장을 바라보게 하고 하체는 측면을 향하도록 한다.
③ 상체를 위로 들어 올리며 호흡을 내쉬며 근육을 수축시킨다. 이때 양손을 머리에서 떨어지지 않게 하고 반동을 사용하지 않는다.
④ 첫 동작으로 돌아오면서 호흡을 들이마시며 근육을 이완시킨다.

 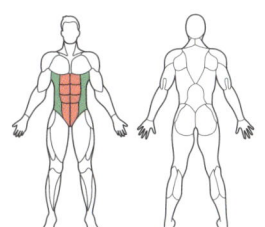 · 코어   · 주동근: 복사근
· 협응근: 복직근

05 시티드 니 업

■ 평가기준
1. 벤치나 바닥에 앉아 상체를 고정시키고 무릎을 구부렸는가?
2. 발이 땅에 닿지 않게 운동하는가?
3. 발끝이 바닥에 닿지 않을 정도까지 천천히 내렸는가?
4. 올리는 단계에 숨을 내쉬었는가?
5. 무릎과 상체를 동시에 몸의 중심부로 당기며 복근을 수축시켰는가?

① 매트에 상체를 곧게 펴고 앉아준다.
② 양손은 엉덩이 옆에 위치시키며, 양발 무릎을 가볍게 구부리고 들어 올려준다.
③ 양발을 가슴 방향으로 들어 올려주면서 호흡을 내쉬며 근육을 수축시키고, 다시 첫 동작으로 돌아오면서 호흡을 들이마시며 근육을 이완시킨다.

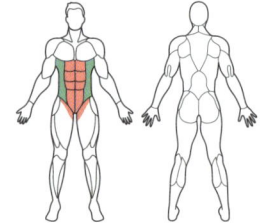

- 코어

- **주동근**: 복직근
- **협응근**: 복사근, 대요근, 장골근

06 리버스 크런치

■ 평가기준
1. 숨을 내쉬며 엉덩이가 바닥에서 떨어질 때까지 올렸는가?
2. 양어깨와 등 상부를 바닥과 밀착시켰는가?
3. 발끝이 바닥에 닿지 않을 정도까지 천천히 내렸는가?
4. 올리는 단계에서 숨을 내쉬었는가?
5. 무릎 관절을 90도 구부리며 하는가?
6. 다리를 가슴 방향으로 당기며 골반을 들어 올렸는가?

① 매트에 천장을 보고 누워 양손을 허벅지 옆에 위치하게 한다. 이때 상체를 곧게 편 상태를 유지하고 지면과 밀착시킨다.
② 양발을 들고 무릎을 90도로 유지한다.
③ 엉덩이를 위로 들어 올리며 호흡은 내쉬며 근육을 수축시킨다.
④ 뒷꿈치가 지면에 닿지 않게 하며 양발을 내려주고 이때 호흡을 들이마시고 근육을 이완시킨다.

 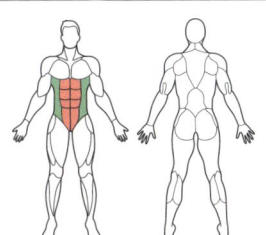 • 코어   • **주동근**: 복직근
• **협응근**: 복사근

07 V-싯업

■ 평가기준
1. 다리와 상체를 동시에 올렸는가?
2. 양다리와 양팔을 천천히 내렸는가?
3. 팔과 다리가 구부러지지 않고 펴져 있는가?
4. 올리는 단계에서 숨을 내쉬었는가?
5. 손이 바닥에 닿지 않게 위로 들었는가?

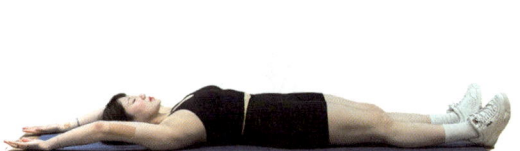

① 매트에 천장을 바라보고 누운 상태에서 상체를 곧게 유지하고 지면과 밀착시킨다.
② 양손을 머리 위로 들어 올리고 지면과 수평이 되도록 만든다.
③ 양팔과 양다리를 동시에 들어 올려 V자 모양을 만들며 근육을 수축시키고 호흡은 내쉰다.
④ 첫 동작으로 돌아오면서 근육을 이완시키고 호흡은 들이마신다.

 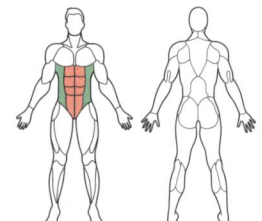 • 코어　　 • 주동근: 복직근
　　　　　　　　　　　　　　　　　　　 • 협응근: 복사근

08 플랭크

■ **평가기준**
1. 엎드린 자세에서 양팔의 전완부와 양발로 지지하며 자세를 유지하였는가?
2. 몸통을 일직선으로 유지하였는가?
3. 자세를 유지하는 동안 몸통이 흔들리지 않았는가?

① 매트에 엎드린 자세로 팔뚝으로 중심을 잡으며 다리를 약간 벌린 상태로 자세를 유지한다.
② 팔꿈치와 어깨는 수직이 되도록 유지한다.
③ 복부에 힘을 주고 엉덩이를 들어 올리고, 이때 머리부터 엉덩이까지 일직선이 되도록 한다.
④ 수축 상태로 몇 초간 유지하고, 다시 힘을 천천히 빼고 내려온다.

 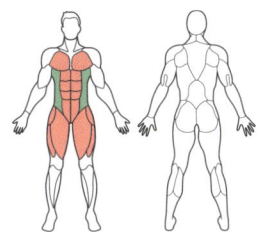 • 코어(전면사슬)   • **주동근**: 복직근
• **협응근**: 복사근, 대흉근, 전거근, 대퇴사두근 등

09 사이드 플랭크

▎평가기준
1. 옆으로 누운 자세에서 한쪽 팔의 전완부와 한쪽 발로 자세를 취하였는가?
2. 몸통을 일직선으로 유지하였는가?
3. 자세를 유지하는 동안 몸통이 흔들리지 않았는가?

① 매트에 옆으로 누운 자세로 팔꿈치를 어깨 밑에 올 수 있도록 위치시킨다.
② 팔꿈치, 엉덩이, 발뒤꿈치가 일직선이 되도록 만들고 유지해준다.
③ 팔꿈치를 바닥과 수직상태로 만들어주고 몸을 받쳐주며 골반과 엉덩이를 들어 올려 근육을 수축시키고, 자세를 유지한다.

 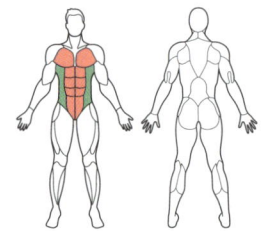

- 코어(전면사슬)

- **주동근**: 복사근, 전거근
- **협응근**: 복직근, 중둔근 등

10 힙 트러스트

▍평가기준
1. 바닥에 등을 대고 누워서 두 팔을 몸통 옆 바닥에 밀착시켰는가?
2. 두 다리를 펴고 수직으로 올렸는가?
3. 무릎을 핀 상태로 천장을 향해 힙과 발바닥을 똑바로 들어 올렸는가?
4. 하복부를 위로 올리면서 호흡을 내쉬었는가?

① 매트에 천장을 바라보고 가슴과 허리를 곧게 펴고 누워준다.
② 양손을 몸통 옆 바닥에 고정시킨 후, 두 다리를 곧게 펴서 90도로 들어준다.
③ 두 다리를 곧게 편 후, 천장을 향해 들어 올리며 근육은 수축시키고, 호흡을 내쉬어준다.
④ 첫 동작으로 돌아가면서 근육은 이완시키고 호흡은 들이마신다.

 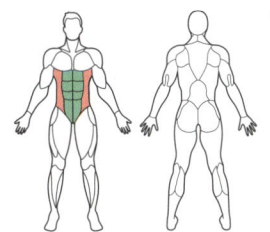 • 복근

  • **주동근**: 복직근
• **협응근**: 내·외 복사근

Chapter 08 복부 - 허리

01 백 익스텐션

■ 평가기준
1. 매트에 배를 깔고 엎드려 있는가?
2. 상체와 하체를 함께 올리고 있는가?
3. 호흡은 올리는 단계에 내쉬고 있는가?

 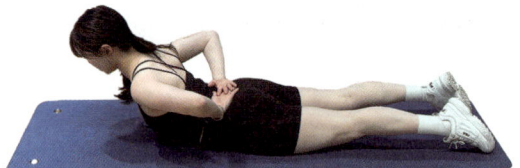

① 매트에 배를 깔고 누워주고 양손을 허리에 올리거나 머리 뒤에 깍지를 끼고 위치시킨다.
② 양발을 어깨 너비로 벌려준다.
③ 허리와 엉덩이 힘을 사용하여 상체와 하체를 들어 올려주고, 이때 호흡은 내쉬고 근육을 수축시켜준다.
④ 첫 동작으로 돌아오면서 근육을 이완시키고 호흡은 들이마신다.

 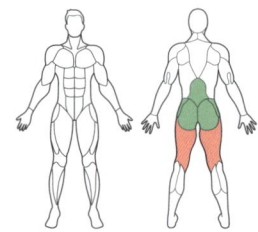
• 코어(후면사슬)

• **주동근**: 대둔근, 척추기립근
• **협응근**: 햄스트링

02 바벨 굿모닝 엑서사이즈

■ 평가기준
1. 양발은 내로우 스탠스로 평행하게 위치시켰는가?
2. 바벨을 승모근에 올리고 있는가?
3. 무릎과 허리를 펴고 내려갔는가?
4. 시선은 전방을 주시하는가?
5. 동작 중 허리가 굽혀지지 않도록 주의하는가?
6. 올라올 때 호흡을 내쉬고 있는가?

① 어깨 너비로 서서 바벨을 승모근 위에 올려놓고, 무릎과 허리를 곧게 편 자세를 만들어준다.
② 시선은 전방을 주시하고, 상체를 곧게 펴고 인사하듯이 상체를 앞으로 숙여준다. 이때 호흡을 들이마셔준다.
③ 상체를 곧게 편 상태를 유지하며 들어 올리고 근육을 수축시켜준다. 이때 호흡을 크게 내쉰다.
④ 첫 동작으로 돌아가면서 근육을 이완시키고 호흡은 들이마신다.

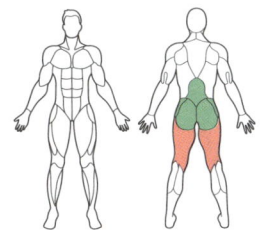
• 코어(후면사슬)

• **주동근**: 대둔근, 척추기립근
• **협응근**: 햄스트링

Chapter 09 역도

01 용상(클린&저크)

① 클린(Clean)은 바벨을 땅에서 어깨 높이로 들어 올리는 동작을 말하고, 저크(Jerk)는 어깨에서 머리 위까지 들어 올리는 동작이며, 이 두 동작이 합쳐진 것이 용상이다.

② 어깨 너비로 서서 상체를 곧게 펴고 엉덩이를 뒤로 빼면서 바벨이 손에 잡힐 때까지 숙여준다.

③ 허리가 말려 굽어지지 않게 허리에 자연스러운 아치를 유지하고, 가슴은 열어준 자세로 바벨을 무릎까지 올리는 '퍼스트 풀' 자세를 실시한다.

④ 바벨이 무릎을 지나 올라올 때 무릎과 고관절을 펴주며 쉬러그를 실시하며 바벨을 위쪽 방향으로 명치까지 들어 올려준다.

⑤ 쉬러그로 바를 명치 위치까지 들어준 후 바벨을 중심으로 팔꿈치를 앞으로 회전시켜 바벨을 어깨 위에 안착시키면서 프런트 스쿼트를 실시한다. 여기까지 자세가 클린 자세이다.

⑥ 어깨에 바벨을 올린 자세에서 무릎과 고관절을 굽혔다가 펴주는 반동을 사용하여 바벨을 머리 위로 밀어 올려주며, 그 밑 사이 공간으로 발을 앞뒤로 벌리면서 몸을 빠르게 넣어주며 양팔을 쭉 펴준다.

⑦ 앞에 있는 발을 몸 쪽으로 반보 정도 당기고, 그 후에 뒷발을 반보 당겨 반듯하게 서준다.

 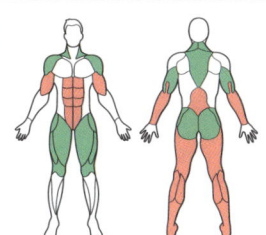

• 전신

- **주동근**: 승모근, 삼각근, 대퇴사두근, 대둔근 등
- **협응근**: 코어, 햄스트링, 하퇴부 근육 등

02 인상(스내치)

① 어깨 너비로 서서 상체를 곧게 펴고 엉덩이를 뒤로 빼면서 바벨이 손에 잡힐 때까지 숙여준다.
② 허리가 말려 굽어지지 않게 허리에 자연스러운 아치를 유지하고, 가슴은 열어준 자세로 바벨을 무릎까지 올리는 자세를 실시한다.
③ 바벨이 무릎을 지나 올라올 때 무릎과 고관절을 펴주며 쉬러그를 실시하며 바벨을 머리 위쪽으로 한번에 들어 올려준다.
④ 바벨을 머리 위로 밀어 올려주며, 그 밑 사이 공간으로 발을 앞뒤로 벌리면서 몸을 빠르게 넣어주며 양팔을 쭉 펴준다.
⑤ 앞에 있는 발을 몸 쪽으로 반보 정도 당기고, 그 후에 뒷발을 반보 당겨 반듯하게 서준다.

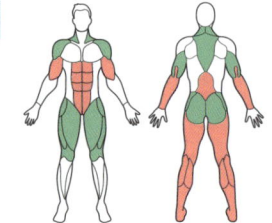

- 전신

- **주동근:** 승모근, 삼각근, 대퇴사두근, 대둔근 등
- **협응근:** 코어, 햄스트링, 하퇴부 근육 등

Chapter 10 파워리프트

01 스모 데드리프트

① 어깨보다 넓게, 무릎과 발목이 수직이 되는 보폭으로 서서 바벨을 오버그립으로 잡아준다.

② 상체는 곧게 편 상태로 허리가 꺾이지 않도록 주의하며, 엉덩이를 뒤로 밀며 바벨을 몸에 최대한 부착시키고 내려가도록 한다. 이때 내려가기 전 숨을 크게 들이마신 후 숨을 참고 내려간다.

③ 다시 엉덩이를 수축시키며 허리와 등을 곧게 만들고, 바벨을 허벅지에 최대한 밀착한 상태로 들어 올린다. 들어 올린 후 호흡을 내쉰다.

 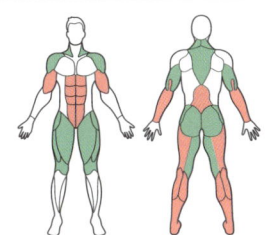
• 전신

• 주동근: 승모근, 삼각근, 대퇴사두근, 대둔근, 내전근
• 협응근: 코어, 햄스트링, 하퇴부 근육 등

02 컨벤셔널 데드리프트

▌평가기준
1. 바를 어깨너비 혹은 약간 넓게 잡고 있는가?
2. 바벨을 바닥에 완전히 내렸다가 올렸는가?
3. 운동하는 동안 등이 굽지 않도록 곧게 편 자세를 유지하는가?
4. 올리는 동작 시 바벨이 대퇴부에 가까이 위치하여 올려지는가?
5. 바벨을 들어 올렸을 때 허리와 등을 과신전하지 않도록 주의했는가?

① 무릎을 구부린 상태에서 엉덩이를 빼며 고관절을 낮춰주고, 스탠다드 스탠스로 서서 어깨 너비보다 약간 넓게 오버핸드 그립으로 바벨을 잡아준다.

② 상체를 곧게 편 상태를 유지하고, 바벨을 몸에 밀착시킨 후, 시선은 전방을 주시하며 팔꿈치와 손목을 고정시켜준다.

③ 바벨을 허벅지를 쓸어주듯 들어 올린 후 호흡을 한번 내쉬고 다시 들이마셔주고, 근육을 수축시켜준다. 들어 올릴 때 상체가 과신전 되지 않도록 주의한다.

④ 바벨을 천천히 내려 놓은 후, 호흡을 내쉬고, 호흡을 다시 들이마시고 첫 동작을 반복해준다.

 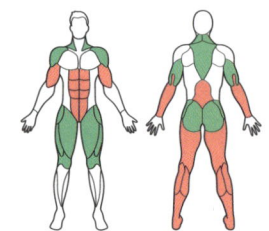 • 전신　　 • **주동근**: 승모근, 삼각근, 대퇴사두근, 대둔근 등
• **협응근**: 코어, 햄스트링, 하퇴부 근육 등

Chapter 11 보디빌딩 규정 포즈

01 남성 보디빌딩 규정 포즈

1 프론트 더블 바이셉스 (Front Double Biceps)

심판을 향해 정면으로 서서 한 발을 40-50cm 바깥쪽 앞으로 두고 두 팔을 들어 어깨와 수평을 이루게 한 후 팔꿈치를 구부린다.

2 프론트 랫 스프레드 (Front Lat Spread)

심판을 향해 정면으로 서서 다리와 발의 안쪽 라인을 최대 15cm까지 벌리고, 펼치거나 주먹을 쥔 손을 허리 하부 또는 복사근에 위치시킨 채 광배근을 펼쳐 보인다.

3 사이드 체스트 (Side Chest)

선수 자신의 발달된 팔을 보여주기 위해 좌측이나 우측 중 한쪽을 선택 후 심판을 향해 서서 심판과 가까운 쪽 팔을 직각으로 구부리고 한손은 주먹을 쥐고 다른 손은 주먹 쥔 손의 손목을 잡는다. 그리고 심판과 가까운 쪽 다리 무릎을 구부리고 발가락으로 지탱한다. 마지막으로 가슴을 펴고 직각으로 구부린 팔의 상완 이두근을 수축한다.

4 백 더블 바이셉스 (Back Double Biceps)

뒷 모습이 심판에게 보이게 서서 두 팔과 손목 자세를 프런트 더블 바이셉스(Front Double Biceps) 포즈와 동일하게 취하고 한 발을 뒤로 빼서 발가락으로 지탱한다.

5 백 랫 스프레드 (Back Lat Spread)

뒷 모습이 심판에게 보이게 서서 팔꿈치를 넓게 벌려 유지한 채로 손을 허리 위에 올리고 다리와 발의 안쪽 간격을 최대 15cm로 유지한다.

6 사이드 트라이셉스 (Side Triceps)

선수는 자신의 발달된 팔을 보여주기 위해 좌측이나 우측 중 한쪽을 선택 후 심판을 향해 서서 두팔을 등 뒤에 놓고 깍지를 끼거나 앞쪽에 있는 손목을 다른 손으로 움켜잡는다. 심판과 가까운 쪽 다리 무릎을 굽히고 발가락으로 지탱 후, 심판과 먼 쪽 다리의 무릎을 굽히고 발바닥을 바닥에 평평하게 하며 체중을 지탱한다.

7 업도미널 앤 타이 (Abdoninal&Thighs)

심판을 향해 정면으로 서서 두 팔을 머리 뒤에 놓고 한 쪽 발을 앞에 둔다. 그 후 몸통을 약간 앞쪽으로 보내며 '크런칭(Crunching)' 자세로 복부근육과 하체 전면 근육을 수축한다.

02 클래식 피지크 규정 포즈

1 프런트 더블 바이셉스 (Front Double Biceps)

심판을 향해 정면으로 서서 한 발을 40-50cm 바깥쪽 앞으로 두고 두 팔을 들어 어깨와 수평을 이루게 한 후 팔꿈치를 구부린다.

2 사이드 체스트 (Side Chest)

선수 자신의 발달된 팔을 보여주기 위해 좌측이나 우측 중 한쪽을 선택 후 심판을 향해 서서 심판과 가까운 쪽 팔을 직각으로 구부리고 한손은 주먹을 쥐고 다른 손은 주먹 쥔 손의 손목을 잡는다. 그리고 심판과 가까운 쪽 다리 무릎을 구부리고 발가락으로 지탱한다. 마지막으로 가슴을 펴고 직각으로 구부린 팔의 상완 이두근을 수축한다.

3 백 더블 바이셉스 (Back Double Biceps)

뒷 모습이 심판에게 보이게 서서 두 팔과 손목 자세를 프런트 더블 바이셉스(Front Double Biceps) 포즈와 동일하게 취하고 한 발을 뒤로 빼서 발가락으로 지탱한다.

4 사이드 트라이셉스 (Side Triceps)

선수는 자신의 발달된 팔을 보여주기 위해 좌측이나 우측 중 한쪽을 선택 후 심판을 향해 서서 두팔을 등 뒤에 놓고 깍지를 끼거나 앞쪽에 있는 손목을 다른 손으로 움켜잡는다. 심판과 가까운 쪽 다리 무릎을 굽히고 발가락으로 지탱 후, 심판과 먼 쪽 다리의 무릎을 굽히고 발바닥을 바닥에 평평하게 하여 체중을 지탱한다.

5 배큠 포즈 (Vaccum Pose)

심판을 향해 정면으로 서서 두 팔을 머리 뒤에 대고, 두 팔은 모아준다. 그 후 숨을 깊게 내쉬고, 배꼽을 척추 쪽으로 당긴다는 느낌으로 복부를 안으로 당기면서 동시에 복횡근, 다리, 몸통 및 팔근육을 수축한다.

6 업도미널 앤 타이 (Abdoninal&Thighs)

심판을 향해 정면으로 서서 두 팔을 머리 뒤에 놓고 한쪽 발을 앞에 둔다. 그 후 몸통을 약간 앞쪽으로 보내며 '크런칭(Crunching)' 자세로 복부근육과 하체 전면 근육을 수축한다.

7 선수가 선택한 클래식 포즈
(Classic Pose of Athlete's choice)

금지 머스큘러 포즈

선수는 심판을 향해 바르게 서서 본인이 원하는 전면 클래식 포즈를 취한다.

주의 단, 머스큘러 포즈는 금지된다.

03 클래식 보디빌딩 규정 포즈

※ 남자 클래식 보디빌딩 및 게임즈 클래식 보디빌딩은 다음 4개의 라운드로 구성된다.

1. 예선: 예선라운드(Elimination Round) - 규정 포즈 4개

① 프런트 더블 바이셉스(Front Double Biceps)

② 사이드 체스트(Side Chest)

③ 백 더블 바이셉스(Back Double Biceps)

④ 업도미널 앤 타이(Abdominals&Thighs)

2. 예선: 제1라운드(Round 1) - 규정 포즈 4개 & 규정 포즈 7개 비교 심사

(1) 규정 포즈 4개

① 프런트 더블 바이셉스(Front Double Biceps)

② 사이드 체스트(Side Chest)

③ 백 더블 바이셉스(Back Double Biceps)

④ 업도미널 앤 타이(Abdominals&Thighs)

(2) 규정 포즈 7개

① 프런트 더블 바이셉스(Front Double Biceps)

② 프런트 랫 스트레드(Front Lat Spread)

③ 사이드 체스트(Side Chest)

④ 백 더블 바이셉스(Back Double Biceps)

⑤ 백 랫 스프레드(Back Lat Spread)

⑥ 사이드 트라이셉스(Side Triceps)

⑦ 업도미널 앤 타이(Abdominals&Thighs)

3. 결선: 제2라운드(Round2) - 규정 포즈 7개 × 2 및 포즈다운

4. 결선: 제3라운드(Round3) - 개별 자유 포즈(60초)

1 프런트 더블 바이셉스 (Front Double Biceps)

심판을 향해 정면으로 서서 한 발을 40-50cm 바깥쪽 앞으로 두고 두 팔을 들어 어깨와 수평을 이루게 한 후 팔꿈치를 구부린다.

2 프런트 랫 스프레드 (Front Lat Spread)

심판을 향해 정면으로 서서 다리와 발의 안쪽 라인을 최대 15cm까지 벌리고, 펼치거나 주먹을 쥔 손을 허리 하부 또는 복사근에 위치시킨 채 광배근을 펼쳐 보인다.

3 사이드 체스트 (Side Chest)

4 백 더블 바이셉스 (Back Double Biceps)

선수 자신의 발달된 팔을 보여주기 위해 좌측이나 우측 중 한쪽을 선택 후 심판을 향해 서서 심판과 가까운 쪽 팔을 직각으로 구부리고 한손은 주먹을 쥐고 다른 손은 주먹 쥔 손의 손목을 잡는다. 그리고 심판과 가까운 쪽 다리 무릎을 구부리고 발가락으로 지탱한다. 마지막으로 가슴을 펴고 직각으로 구부린 팔의 상완 이두근을 수축한다.

뒷 모습이 심판에게 보이게 서서 두 팔과 손목 자세를 프런트 더블 바이셉스(Front Double Biceps) 포즈와 동일하게 취하고 한 발을 뒤로 빼서 발가락으로 지탱한다.

Chapter 11 보디빌딩 규정 포즈

5 백 랫 스프레드
(Back Lat Spread)

뒷 모습이 심판에게 보이게 서서 팔꿈치를 넓게 벌려 유지한 채로 손을 허리 위에 올리고 다리와 발의 안쪽 간격을 최대 15cm로 유지한다.

6 사이드 트라이셉스
(Side Triceps)

선수는 자신의 발달된 팔을 보여주기 위해 좌측이나 우측 중 한쪽을 선택 후 심판을 향해 서서 두팔을 등 뒤에 놓고 깍지를 끼거나 앞쪽에 있는 손목을 다른 손으로 움켜잡는다. 심판과 가까운 쪽 다리 무릎을 굽히고 발가락으로 지탱 후, 심판과 먼 쪽 다리의 무릎을 굽히고 발바닥을 바닥에 평평하게 하여 체중을 지탱한다.

7 업도미널 앤 타이 (Abdoninal&Thighs)

심판을 향해 정면으로 서서 두 팔을 머리 뒤에 놓고 한쪽 발을 앞에 둔다. 그 후 몸통을 약간 앞쪽으로 보내며 '크런칭(Crunching)' 자세로 복부근육과 하체 전면 근육을 수축한다.

04 남성 클래식 보디빌딩 쿼터 턴

1 프론트 포지션 (Front Position)

① 어깨 너비로 서서 머리와 시선이 정방향을 바라보게 서준다.
② 발뒤꿈치는 고정한 상태에서 발가락 방향을 바깥쪽으로 30도 정도 돌려서 서주고, 배는 숨을 들이마셔주고, 가슴과 어깨는 펼쳐주며 고개를 들어준다.
③ 양팔은 신체 중심선을 따라 위치해주고, 팔꿈치를 내회전시켜 광배근을 더 높게 펼쳐보여준다.

2 쿼터 턴 라이트 (Quarter Turn Right)

① 바른 자세로 서서 머리와 시선을 몸이 바라보는 방향과 같게 만든다.
② 뒤꿈치를 모으고 발은 바깥 방향으로 살짝 벌려주며 무릎은 반듯하게 펴주며, 배는 집어넣어주고, 가슴과 어깨는 열어준다.
③ 좌측 팔은 등 뒤의 신체 중심선에 위치하며 팔꿈치는 구부리고 손가락과 손바닥은 신체를 바라보게 만든다.
④ 우측 팔은 신체 중심선 전방에 위치하며 팔꿈치는 약간 구부리고 손가락, 손바닥이 신체를 바라보게 만든 후 주먹을 쥐어준다.
⑤ 몸이 틀어지지 않게 동작이 과정되지 않도록 한다.

주의 왼쪽 측면이 심판 쪽을 향하도록 한다.

3 쿼터 턴 백 (Quarter Turn Back)

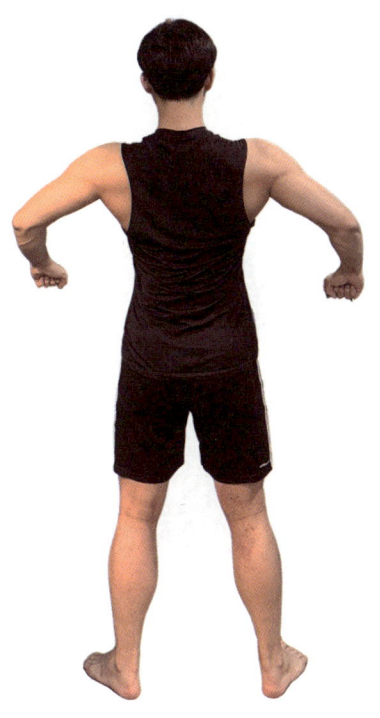

① 뒤돌아서 어깨 너비로 서서 머리와 시선이 정방향을 바라보게 서준다.
② 발뒤꿈치는 고정한 상태에서 발가락 방향을 바깥쪽으로 30도 정도 돌려서 서주고, 배는 숨을 들이마셔주고, 가슴과 어깨는 펼쳐주며 고개를 들어준다.
③ 양팔은 신체 중심선을 따라 위치해주고, 팔꿈치를 내회전시켜 광배근을 더 높게 펼쳐보여준다.

4 쿼터 턴 레프트 (Quarter Turn Left)

① 바른 자세로 서서 머리와 시선을 몸이 바라보는 방향과 같게 만든다.
② 뒤꿈치를 모으고 발은 바깥 방향으로 살짝 벌려주며 무릎은 반듯하게 펴주며, 배는 집어넣어주고, 가슴과 어깨는 열어준다.
③ 좌측 팔은 등 뒤의 신체 중심선에 위치하며 팔꿈치는 구부리고 손가락과 손바닥은 신체를 바라보게 만든다.
④ 우측 팔은 신체 중심선 전방에 위치하며 팔꿈치는 약간 구부리고 손가락, 손바닥이 신체를 바라보게 만든 후 주먹을 쥐어준다.
⑤ 몸이 틀어지지 않게 동작이 과정되지 않도록 한다.

주의 오른쪽 측면이 심판 쪽을 향하도록 한다.

05 여성 피지크 규정 포즈

1 프런트 포즈 (Front Pose)

① 심판을 보고 정면을 선 후, 한쪽 다리를 바깥 방향으로 빼주고 발은 일직선 상에 올 수 있도록 한다.

② 양팔을 어깨 높이까지 올린 후 팔꿈치를 자연스럽게 구부리고 손과 손가락은 하늘을 향해 펴준다.

③ 머리부터 발끝까지 최대한 많은 근육을 수축시켜 준다.

2 사이드 체스트 (Side Chest)

① 자신 있는 방향으로 몸을 틀어서 서준 후, 심판에게 가까운 다리를 곧게 펴서 앞으로 뻗어주고, 반대쪽 무릎은 살짝 굽혀준다.

② 두 팔을 모아 앞으로 보내서 팔꿈치와 손가락을 펴주고 손바닥을 아래로 쭉 펴준다.

③ 몸을 가볍게 비틀고 가슴 근육과 상완 삼두근, 대퇴 사두근, 대퇴 이두근 및 비복근을 강하게 수축시킨다.

3 백 포즈 (Back Pose)

① 뒤돌아선 후, 프런트 포즈와 같이 양팔을 어깨 높이까지 올린 후 팔꿈치를 자연스럽게 구부리고 손과 손가락은 하늘을 향해 펴준다.

② 한 발을 뒤로 뻗어주며, 뒤꿈치를 들어준다.

③ 삼각근과 등 상하부, 대퇴 이두근 및 비복근을 수축시킨다.

4 사이드 트라이셉스 (Side Triceps)

① 자신 있는 방향으로 몸을 틀어서 서준 후, 심판에게 가까운 다리를 곧게 펴서 앞으로 뻗어주고, 반대쪽 무릎은 살짝 굽혀준다.

② 팔을 등 뒤에 오게 한 후, 왼쪽이나 오른쪽 손목을 다른 손으로 잡아주며, 손과 손가락을 펴준 상태로 손바닥이 아래 지면과 평행하도록 펴준다.

③ 상완 삼두근, 가슴, 복부, 대퇴근부 및 비복근을 수축시킨다.

06 여성 피지크, 보디 피트니스 쿼터 턴

1 프런트 포지션 (Front Position)

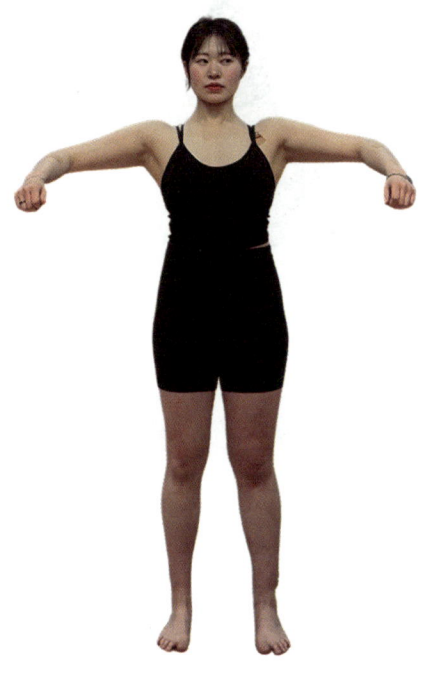

① 어깨 너비로 서서 머리와 시선이 정방향을 바라보게 서준다.
② 발뒤꿈치는 고정한 상태에서 발가락 방향을 바깥쪽으로 30도 정도 돌려서 서주고, 배는 숨을 들이마셔주고, 가슴과 어깨는 펼쳐주며 고개를 들어준다.
③ 양팔을 신체 중심선에 맞춰두고 팔꿈치를 자연스럽게 구부린 상태에서 손가락을 모으고 손바닥을 신체를 바라보게 하여 약간 떨어뜨리고 손을 오므려준다.

2 쿼터 턴 라이트 (Quarter Turn Right)

① 바른 자세로 서서 머리와 시선을 몸이 바라보는 방향과 같게 만든다.
② 뒤꿈치를 모으고 발은 바깥 방향으로 살짝 벌려주며 무릎은 반듯하게 펴주며, 배는 집어넣어주고, 가슴과 어깨는 열어준다.
③ 좌측 팔은 등 뒤의 신체 중심선에 위치하며 팔꿈치는 구부리고 손가락과 손바닥은 신체를 바라보게 만든다.
④ 우측 팔은 신체 중심선 전방에 위치하며 팔꿈치는 약간 구부리고 손가락, 손바닥이 신체를 바라보게 만든 후 손목을 살짝 구부려준다.
⑤ 몸이 틀어지지 않게 동작이 과정되지 않도록 한다.

주의 왼쪽 측면이 심판 쪽을 향하도록 한다.

3 쿼터 턴 백 (Quarter Turn Back)

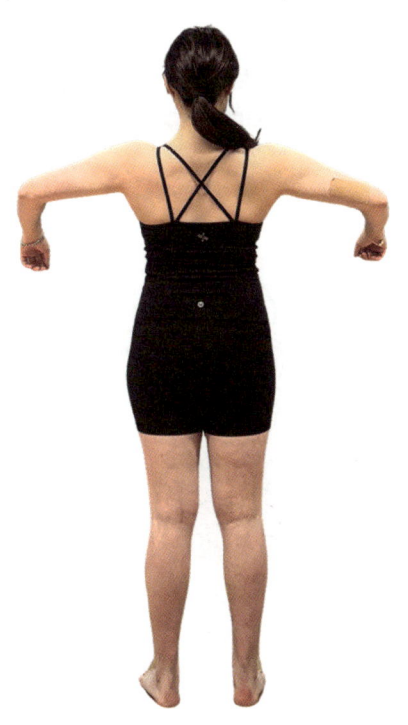

① 뒤돌아서 어깨 너비로 서서 머리와 시선을 정방향을 바라보게 서준다.
② 발뒤꿈치는 고정한 상태에서 발가락 방향을 바깥쪽으로 30도 정도 돌려서 서주고, 배는 숨을 들이마셔주고, 가슴과 어깨는 펼쳐주며 고개를 들어준다.
③ 양팔을 신체 중심선에 맞춰두고 팔꿈치를 자연스럽게 구부린 상태에서 손가락을 모으고 손바닥을 신체를 바라보게 하여 약간 떨어뜨리고 손을 오므려준다.

4 쿼터 턴 레프트 (Quarter Turn Left)

① 바른 자세로 서서 머리와 시선을 몸이 바라보는 방향과 같게 만든다.
② 뒤꿈치를 모으고 발은 바깥 방향으로 살짝 벌려주며 무릎은 반듯하게 펴주며, 배는 집어넣어주고, 가슴과 어깨는 열어준다.
③ 우측 팔은 등 뒤의 신체 중심선에 위치하며 팔꿈치는 구부리고 손가락과 손바닥은 신체를 바라보게 만든다.
④ 좌측 팔은 신체 중심선 전방에 위치하며 팔꿈치는 약간 구부리고 손가락, 손바닥이 신체를 바라보게 만든 후 손목을 살짝 구부려준다.
⑤ 몸이 틀어지지 않게 동작이 과정되지 않도록 한다.

주의 오른쪽 측면이 심판 쪽을 향하도록 한다.

07 여성 비키니 피트니스 쿼터 턴

1 프런트 포지션 (Front Position)

2 쿼터 턴 라이트 (Quarter Turn Right)

① 어깨 너비로 서서 머리와 시선이 정방향을 바라보게 서준다.
② 한 손은 엉덩이 위에 올려놓고 한쪽 다리는 약간 앞쪽 옆에 위치시켜준다.
③ 다른 손은 신체를 따라 약간 측면에 늘어뜨리고 손과 손가락을 편 상태로 미적이게 보이게 한다.
④ 무릎은 구부리지 않으며 복부는 숨을 들이마셔서 집어넣어주고, 가슴은 세워주며 어깨는 펴준다.

① 왼쪽 측면이 심판을 향하게 자세를 잡고 심판을 바라보기 위해서 상체를 돌려준다.
② 오른손은 오른쪽 엉덩이 위에 올리고 왼쪽 팔은 뒤쪽 신체 중심선 부근에 위치시켜 고정한다. 손바닥이 보이게 손가락을 편 상태로 미적이게 보이게 한다.
③ 왼쪽 엉덩이는 약간 올려주고 왼쪽 무릎은 구부리며 왼쪽 발을 살짝 앞으로 움직여 발가락을 바닥에 내려 놓는다.

3 쿼터 턴 백 (Quarter Turn Back)

① 뒤돌아 서서 상체를 앞으로 숙이지 않고 바르게 선 상태로 한 손은 엉덩이 위에 올려놓는다.
② 다른 손은 신체를 따라 측면에 늘어뜨리고 손과 손가락을 편 상태로 미적이게 보이게 한다.
③ 무릎은 구부리지 않고 복부는 안쪽으로, 상체는 앞으로 어깨는 뒤로 빼준다.
④ 등 하부는 자연스럽게 척추 전만인 자세를 취해주며, 등 상부는 편 상태로 고개를 든다.
⑤ 상체를 돌려서 심판을 보면 안 되며, 심사가 진행되는 동안 무대 뒤쪽을 바라보고 있어야 한다.

4 쿼터 턴 레프트 (Quarter Turn Left)

① 오른쪽 측면이 심판을 향하게 자세를 잡고 심판을 바라보기 위해서 상체를 돌려준다.
② 왼손은 왼쪽 엉덩이 위에 올리고 왼쪽 팔은 뒤쪽 신체 중심선 부근에 위치시켜 고정한다. 손바닥이 보이게 손가락을 편 상태로 미적이게 보이게 한다.
③ 오른쪽 엉덩이는 약간 올려주고 오른쪽 무릎은 구부리며 오른쪽 발을 살짝 앞으로 움직여 발가락을 바닥에 내려 놓는다.

해커스자격증
pass.Hackers.com

해커스 **스포츠지도사 보디빌딩** 실기+구술 초단기 5일 합격

구술
보디빌딩의 이론적 개념 이해하기

Chapter 01 보디빌딩의 기초 이론&규정
Chapter 02 트레이닝 방법론
Chapter 03 운동영양학&운동생리학
Chapter 04 생활체육론&응급처치
Chapter 05 스포츠 인권
Chapter 06 유소년 스포츠지도사
Chapter 07 노인 스포츠지도사

Chapter 01 보디빌딩의 기초 이론 & 규정

1 세계 보디빌딩과 우리나라 보디빌딩의 역사 ★★★

(1) 세계 보디빌딩의 역사

① 바벨, 덤벨 등의 기구를 사용하여 신체를 단련하는 운동은 기원이 분명하지는 않으나 오늘날 시행되고 있는 웨이트 리프팅(역도)과 발생을 거의 같이 하고 있는 것으로 생각되고 있다. 고대 이집트와 고대 중국에서 중량들기 운동이 행해졌다는 기록이 있는 점으로 미루어보아 오래 전부터 웨이트 트레이닝 형태의 운동이 행해진 것으로 여겨지고 있다. 또한 고대 그리스, 로마시대에는 특히 검투사와 레슬링 선수들이 힘과 인내를 위해 보디빌딩 훈련을 했다고 전해오고 있다.

② 보디빌딩을 체계화한 사람은 19세기 독일 출신의 철 아령 최초 보급자 오이겐 산도프[유진 샌도우(Eugen Sandow), 1867~1925]이다. 해부학을 전공한 그는 체격과 신체의 강건함을 보여줌으로써 보는 사람들로 하여금 전율을 느끼게 했으며, 보디빌딩의 결과가 어떤 것인지를 보여 주었다. 미국으로 건너간 그는 사업적으로도 크게 성공하였으나 추락한 차를 한 손으로 끌어올리려는 무모한 힘자랑 끝에 뇌출혈로 죽었다고 한다. 1950년경부터 보디빌딩에 관한 과학적인 연구에 의해 올바른 트레이닝을 하기만 하면 기능장애가 생기지 않을뿐더러 반대로 건강을 높이고 체력을 향상시킨다는 것이 확인되었고 그 이후로 전 세계적으로 보디빌딩이 보급되기에 이르렀다.

③ 보디빌딩은 일명, 육체미운동이라고도 한다. 체중의 많고 적음에 따라 체급을 나누고 그 체급별로 근육의 모양과 크기, 균형 발달 정도와 대칭 여부, 피부색깔, 그리고 골격과 자세 등을 심사하여 등위를 결정한다. 보디빌딩은 예로부터 있어 왔지만, 1946년 국제보디빌딩연맹(International Federation of Body Builders; IFBB)이 결성되면서 매년 이 연맹의 주최로 세계적인 대회를 개최하고 있다.

(2) 우리나라 보디빌딩의 역사

① 국내 보디빌딩 역사의 시작은 문곡 서상천(1902~미상)으로 일제강점기 역도연맹회장, 대한씨름협회 회장 등을 역임한 체육인이다. 1938년 자신이 창설한 역도연맹의 회장을 맡았으며, 1946년 대한씨름협회 회장을 역임하였다. 그는 일제침략으로 쇠운에 빠진 민족운명을 타개하기 위해서는 건강한 신체와 강인한 의지를 가진 젊은이를 양성하여야 한다는 일념으로 역도를 보급, 발전시키는 데 노력하였다. 대한역도연맹에서는 우리나라 역도의 발전과 보급에 대한 그의 공적을 기리기 위하여 '서상천배역도대회'를 개최하고 있다.

② 우리나라에서 최초로 보디빌딩 시합을 가진 것은 1949년 서울시공관에서 개최된 제1회 미스터코리아선발대회였다. 우리나라는 1970년 아시아보디빌딩연맹(ABBF)에 가입했으며, 1987년 6월 기존 역도연맹에서 대한보디빌딩연맹이 분리되어 창설되었다. 1988년 제4회 아시아주니어보디빌딩선수권대회에서 종합 우승, 오스트레일리아에서 열린 제42회 세계보디빌딩선수권대회에서 종합 우승 등의 성적을 올렸다.

2 보디빌딩의 정의 ★★

보디빌딩은 근육의 크기와 모양을 개선하고, 몸의 균형과 조화를 이루는 것을 목표로 하며, 근력 증진, 근육 비대, 근력 및 근지구력의 향상을 위해 체계적인 운동 프로그램을 수행하고, 엄격한 식단 관리를 통해 체지방을 관리하여 몸을 가꾸는 것이다.

3 보디빌딩 복장 및 컬러링 ★★

(1) 보디빌딩 복장
  ① 불투명한 단색의 트렁크로 대둔근의 3/4 및 전면을 가리며 측면폭은 최소 5cm이어야 한다.
  ② 트렁크 안에 패딩을 넣는 것과 결혼반지를 제외한 액세서리의 착용은 금지된다.

(2) 컬러링
  ① 지워질 수 있는 탄 및 브론저 사용을 금지하며 24시간 전에 인공착색이나 셀프태닝은 허용된다.
  ② 전문적인 경기 태닝 방법은 전문적인 회사나 자격이 있는 개인에게 받을 경우에 사용 가능하다.
  ③ 광택, 광채, 윤이 나는 펄 및 황금빛 색의 사용은 금지되며 과도한 오일 사용도 금지된다.

4 경기인 등록 규정 ★★★

(1) 경기인 등록 규정의 목적
  선수 지도자 심판의 등록과 활동 등에 관한 기준과 절차를 정함으로써 건전하고 효율적인 선수 및 지도자 심판 육성과 우리나라 체육의 균형 발전을 도모한다.

(2) 경기인 등록 구분
  협회는 연령을 기준으로 각 부를 둔다(13세 이하 부, 16세 이하 부, 19세 이하 부, 대학부, 일반부).

(3) 경기인 등록 결격 사유
  ① 선수: (스포츠공정위원회규정 제27조) 선수·심판·지도자 단체 임원으로서 제명의 징명을 받은 자는 전문 선수 등록이 불가하고, 당해 연도에 심판으로 등록한 사람은 해당 회원 종목 단체의 전문 선수로 등록이 불가하다.
  ② 지도자·심판·선수관리담당자: (국민체육진흥법 제2조 제9호) 체육단체에서 다음 중의 어느 하나에 해당하는 사유로 자격정지 1년 이상의 징계처분을 받은 사람은 등록이 불가하다.
  - 폭력·성폭력
  - 승부조작
  - 편파판정
  - 횡령·배임

5 경기인 등록 규정의 위반에 대한 조치 ★★

① 경기인: 1년 이상 5년 이하의 경기인 출전 또는 자격이 정지된다.
② 관련된 임직원: 2년 이상 5년 이하의 해당 회원 종목 단체의 활동 자격이 정지된다.
③ 경기인 등록을 하지 않고 활동한 사람: 2년간 등록이 금지된다.
④ 위반 행위를 불문하고 규정의 2회 위반자에 대해서는 해당 징계 기준의 2배 이상 가중 처분하며, 3회 위반한 자에 대해서는 제명 또는 파면한다.

6 경기력향상위원회의 기능 ★

① 국가 대표 경기력 향상 기본 계획
② 올림픽 및 아시아경기대회 대비 강화 훈련 계획
③ 스포츠 과학의 연구 지원 및 현장 적용
④ 경기 지도자의 육성 및 자질 향상
⑤ 국가 대표 선수 훈련 참가 임원 및 선수 선발
⑥ 국가 대표 훈련의 지도, 감독, 평가 분석
⑦ 우수 소질 보유자의 발굴 육성
⑧ 국가 대표 훈련 참가 임원 및 선수의 상벌
⑨ 올림픽 및 아시아경기대회 파견 선수단 전형 추천 및 사후 평가

7 선수 권익 보호 관련 기관 ★★

1차 조사 기관은 선수위원회이고, 2차 조사 기관은 대한체육회이다.

8 선수위원회규정에 명시된 선수등록규정을 위반할 경우의 조치 ★★

① 선수: 최소 1년 이상 5년 이하의 선수 활동이 금지된다.
② 관련된 임직원: 최소 2년 이상 5년 이하의 본 협회 관련 활동 자격이 정지된다.
③ 학교 관련자: 소속 기관장에게 징계를 의뢰한다.
④ 징계 만료 이후 및 징계 해제 후 재위반한 경우에는 그 자격을 영구히 박탈한다.
⑤ 대한체육회에서 운영하는 선수 등록 관리 시스템에 등록을 지연시켜 선수 활동에 지장을 준 관계자는 1년 이상 3년 이하 또는 법제 상벌위원회에 회부하여 징계한다.

9 선수위원회규정에 명시된 선수 권익 보호와 관련하여 신고 접수되어 인정될 경우의 조치 ★★★

(1) 폭력

① 지도자
- 1차: 5년 이상의 자격 정지
- 2차: 10년 이상의 자격 정지
- 3차: 영구 제명

② 선수
- 1차: 3년 이상의 자격 정지
- 2차: 5년 이상의 자격 정지
- 3차: 영구 제명

(2) 성폭력

　　1차만으로도 영구 제명

(3) 성과 관련된 행위

　① 지도자
　　• 1차: 5년 이상 자격 정지
　　• 2차: 10년 이상의 자격 정지
　　• 3차: 영구 제명

　② 선수
　　• 1차: 3년 이상의 자격 정지
　　• 2차: 5년 이상의 자격 정지
　　• 3차: 영구 제명

10 심판의 등급 구분 ★★★

(1) 국제 심판(A, B, C)

세계연맹 심판 자격 취득자로서 각종 국제경기대회의 심판 및 전국 규모의 경기대회에서 심판 위원으로 지명 가능하다.

(2) 국내 심판(1, 2급)

　① 1급: 국내 심판 자격 취득자로 전국 규모의 경기대회에서 심판 및 지역 규모 대회에 심판 위원으로 지명 가능하다.
　② 2급: 국내 심판 자격으로 지역 규모의 대회에 심판으로 지명 가능하다.

11 심판위원회규정에서 명시한 심판 판정 ★★

① 외부 단체로부터 독립하여 공정하게 업무를 수행한다.
② 심판 관련 규정과 해당 단체의 규약 및 심판 규정을 준수하며 경기규칙에 따라 명확한 판정을 해야 한다.
③ 경기 운영 및 판정에 있어 공명정대하게 양심에 따라 판정한다.

12 심판위원회규정에서 명시한 심판 품위 관련 내용 ★★

① 체육회 또는 대한보디빌딩협회에서 발급한 신분 증서를 패용한다.
② 협회에서 규정한 복장과 장비만 사용한다.
③ 심판이 필요한 상해 보험에 반드시 가입한다.
④ 협회의 정관 및 관련 규정을 준수한다.
⑤ 오심 및 편파 판정 시 협회 '정관', 협회 또는 체육회의 '스포츠공정위원회규정'에 따라 징계가 가능하다.
⑥ 선수, 지도자의 팀 입단, 계약 또는 기타 취직의 알선, 협조 등 심판으로서의 직분이나 직무 공정성을 해하는 행위를 해서는 안 된다.

13 심판 자격 취득의 제한 ★★

① 선수로 등록한 사람은 심판 자격 취득이 불가하다.
② 심판 자격 유지 중 선수로 등록한 사람은 선수로 등록한 해에는 심판으로 활동이 불가하다.
③ 선수로 활동 중 도핑방지규정 위반으로 제재를 받은 사람은 징계 만료 후 5년 이상 경과해야 심판 자격 취득이 가능하다. 단, 영구 제명 선수는 심판 자격 취득이 불가하다.

14 심판 자격의 유지 및 부활 ★★

① 심판 자격의 유지를 희망하는 자는 취득 후 4년에 한 번씩 재교육을 받아야 한다.
② 재교육을 이수하지 않아 자격을 상실한 자는 자격 상실 기간에 비례하는 소정의 추가 강습비 납부 및 재교육을 통해 동일 자격 취득이 가능하다.
③ 징계로 인하여 자격이 정지된 심판은 징계 해제 후 3년이 경과한 후 재교육을 통하여 2급 심판 자격증 취득이 가능하다.

15 보디빌딩 심사 위원의 의무 ★

① 경기 규칙 준수
② 공정한 심사
③ 심판에 책임
④ 청렴하게 심사
⑤ 정확하게 평가
⑥ 소집 회의 시 참석

16 보디빌딩심사규정에 대한 심판원의 주의 사항 ★★

① 다른 심판원과 대화해서는 안 된다.
② 다른 심판원의 심판 결정에 의도적인 영향을 주면 안 된다.
③ 심사하는 동안 사진을 찍을 수 없다.
④ 참가 선수 누구라도 지도해서는 안 된다.
⑤ 심사하는 동안에는 알코올 함량이 있는 음료를 마실 수 없다.
⑥ 선수로 참가할 수 없다.

17 도핑 ★★

도핑은 수행 능력을 향상시킬 목적으로 선수에게 금지 약물을 투여하거나 특수한 이학적 처치 및 사용 행위를 은폐하는 것을 말한다.

18 도핑방지규정 위반 ★★

세계반도핑규약 및 한국도핑방지규정에서 규정한 하나 또는 그 이상의 도핑방지규정 위반의 발생을 말한다.

① 선수의 시료 내에 금지 약물, 대사 물질 또는 표지자가 존재하는 경우
② 금지 약물 또는 금지 방법의 사용 또는 사용 시도
③ 시료 채취 제공의 회피, 거부 또는 실패
④ 소재지 정보 실패
⑤ 도핑 관리 과정의 특정 부분에 대한 부정행위 및 부정행위의 시도
⑥ 금지 약물 또는 금지 방법의 소지
⑦ 금지 약물 또는 금지 방법의 부정 거래 또는 부정 거래의 시도
⑧ 경기 기간 중에 선수에게 금지 약물 또는 금지 방법의 투여 또는 투여 시도, 또는 선수에게 경기 기간 외 검사에서 금지되는 금지 약물 또는 금지 방법의 경기기간 외 투여 또는 투여 시도
⑨ 공모
⑩ 금지된 연루

19 도핑방지규정의 기본 원리 ★★

스포츠의 본질적 가치를 보전하는 데 그 목적이 있다. 본질적 가치는 스포츠 정신으로 불리며, 올림픽 정신의 핵심이다. 이는 타고난 재능의 완성을 위해 혼신의 노력을 다함으로써 인간의 우수성을 추구하고자 함이며, 진정한 의미의 경기 방식을 나타내기도 한다. 스포츠 정신은 인간의 정신과 심신의 찬양이며, 스포츠를 통하여 발견한 다음과 같은 가치를 반영한다.

① 윤리, 페어플레이, 정직
② 건강
③ 우수한 경기력
④ 품성 및 교육
⑤ 재미와 즐거움
⑥ 협동 정신
⑦ 헌신과 책임
⑧ 규칙과 법령의 준수
⑨ 용기
⑩ 자기 자신 외 다른 참가자를 존중하는 자세
⑪ 공동체 의식과 연대 의식

20 도핑방지규정의 위반에 대한 제재 ★★★

① 자격 정지 기간은 한국도핑방지규정 제10조에 따른 제재 결정에 따른다.
② 첫 번째 위반: 일반부는 400만 원, 학생부는 200만 원에 해당하는 과징금을 부과한다. 단, 전국체육대회 도핑방지규정 위반 시에는 1,000만 원의 과징금을 부과한다.
③ 두 번째 위반: 일반부는 1,000만 원, 학생부는 500만 원에 해당하는 과징금을 부과한다. 단, 전국체육대회 도핑방지규정 위반 시에는 1,500만 원의 과징금을 부과한다.
④ 세 번째 위반: 1,500만 원에 해당하는 과징금을 부과한다. 단, 전국체육대회 도핑방지규정 위반 시에는 2,500만 원의 과징금을 부과한다.

21 도핑방지를 위한 선수의 역할과 책임 ★★

① 도핑방지규정 및 한국도핑방지규정에 규정된 모든 도핑방지 정책과 규정을 숙지하고 준수하여야 한다.
② 시료 채취가 언제나 가능하도록 하여야 한다.
③ 도핑방지와 관련하여 선수가 사용하고 복용한 모든 물질에 대하여 책임이 있다.
④ 의료진에게 선수로서 금지 약물 및 금지 방법을 사용하지 않아야 할 책임이 있음을 고지, 어떠한 의료 처치도 본 도핑방지규정 및 한국도핑방지규정에 규정된 도핑방지 정책 및 규정에 위반되지 않도록 확인할 책임이 있다.
⑤ 과거 10년 내에 선수가 도핑방지규정을 위반하였다고 결정한 비가맹기구의 모든 결정을 국제경기연맹 및 한국도핑방지위원회에 공개한다.
⑥ 도핑방지규정위반을 조사하는 도핑방지기구에 협력한다.

22 '의도하지 않은 도핑'의 의미 ★★

선수의 부주의 또는 실수로 자신도 모르게 섭취한 금지 약물이 도핑 테스트 결과에서 검출되는 것을 말한다.

23 도핑과 관련한 치료사용면책(Therapeutic Use Exemption; TUE) ★★★

① 선수가 특정 약물로 치료해야 하는 부상이나 질병을 앓고 있을 때 그 약물이 금지약물이라면 치료사용면책(TUE) 신청서를 제출하여 승인을 받은 후 복용 및 사용할 수 있다.

② 선수는 TUE를 통해 금지약물과 금지방법에 대해 승인을 받고 치료에 이용할 수 있다. TUE승인을 받으면 양성반응으로 제재를 받을 염려가 없다(승인내용에 한함).

③ 선수가 금지약물을 복용해야 한다면 사전에 TUE를 신청해야 한다. 신청서에 기재된 정보는 철저하게 보안되어 관리된다.

④ TUE 신청은 경기 참가 30일전까지 신청해야 하고 상시금지약물인 경우 사용(복용)전 즉시 신청해야 한다. 예외적이나 응급 상황에 한해 사후 TUE 신청도 가능하다(단, 불승인 or 승인될 수 있음).

24 TUE 절차 ★★★

① 도핑방지기구(AOD)에서 TUE 신청서를 다운로드한다.

② 담당 의사에게 의뢰해 신청서를 작성한 후 도핑방지기구(AOD) 또는 국제연행(IF)에 제출한다.

③ TUE 신청 시 AOD에서 위촉한 전문가 3인이 TUE 신청서를 검토하여 다음 조건을 충족할 경우 TUE 승인을 한다.
- 해당 약물을 복용하지 않으면 건강이 악화되는 경우
- 해당 약물이 경기력 향상에 영향을 미치지 않는 경우
- 다른 대체 치료 방법이 없는 경우

④ 도핑방지기구(AOD)는 선수에게 신청된 약물의 복용 또는 사용 가능 여부를 통보한다. 승인이 거부되면 그 사유를 안내, 선수는 판정에 이의 제기가 가능하다.

25 보디빌딩이 아시안게임의 정식 종목으로 채택된 연도와 도시 ★★

2002년 부산아시안게임에서 정식 종목으로 채택되었다.

26 우리나라에서 체중으로 보디빌딩의 체급을 분류하기 시작한 연도 ★★

1979년부터 체중으로 보디빌딩의 체급을 분류하기 시작하였다.

27 보디빌딩과 역도의 차이점 ★★

① 보디빌딩: 벌크 업을 목적으로 최대 근력 70~85%의 무게로 1세트 8~12회 실시한다.

② 역도: 파워 업을 목적으로 최대 근력 80% 이상의 무게로 1세트 1~3회 실시한다.

28 보디빌딩의 효과 ★★

근력, 근지구력, 심폐 지구력, 유연성, 기초 체력이 향상되고, 체지방 감량, 자세 교정 등으로 건강하고 아름다운 신체를 가질 수 있다.

29 보디빌딩 관련 기관 및 협회 ★

① 세계보디빌딩연맹

② 대한보디빌딩협회

③ 아시아보디빌딩연맹

④ 한국도핑방지위원회

30 보디빌딩 경기장의 규격 ★★

경기장의 규격은 최소 가로 6m, 세로 1.5m, 높이 0.6m이어야 하고, 근육을 잘 비춰 줄 수 있도록 조명이 설치되어야 한다. 단상 정면에는 IFBB 로고를 붙이고, 선수들이 맨발로 무대에 서기 때문에 바닥에는 카펫이 깔려 있어야 한다.

31 보디빌딩의 심판 구성 ★★

① 심판위원장 1명, 심판장 1명, 심판원 9명

② 심판원마다 예비 심판원 배정

③ 여성 시합의 경우 여성 심판 4명 이상

32 보디빌딩의 심사 기준 ★★★

① 벌크 업(근육의 크기)

② 데피니션(근육의 선명도)

③ 컷(근육의 윤곽)

33 남자 보디빌딩의 라운드 ★★★

① 예선-예선라운드: 4개 규정 포즈
② 예선-제1라운드: 4개 규정 포즈 및 7개 규정 포즈 비교 심사
③ 결선-제2라운드: 7개 규정 포즈 및 포즈 다운
④ 결선-제3라운드: 개인별 자유 포즈 60초

34 남자 보디빌딩 규정 포즈 ★★★

① 프런트 더블 바이셉스
② 프런트 랫 스프레드
③ 사이드 체스트
④ 백 더블 바이셉스
⑤ 백 랫 스프레드
⑥ 사이드 트라이셉스
⑦ 업도미널 앤 타이

35 남자 보디빌딩 경기의 복장 규정 ★★★

① 경기복은 단색이어야 하고 투명하지 않은 깔끔하고 단정한 경기 복장을 착용한다.
② 트렁크의 색상, 섬유, 질감 및 스타일은 선수들의 재량으로 선택할 수 있다.
③ 트렁크는 최소 대둔근의 3/4를 가려야 한다. 또한 전면은 덮어 가려져야 하고, 측면은 5cm 폭이어야 한다.

36 남자 보디빌딩 경기의 복장 규정 위반 ★★

① 트렁크 안에 패딩을 넣어서는 안 된다.
② 선수들은 결혼 반지를 제외하고 신발, 안경, 시계, 팔찌, 목걸이, 귀걸이, 가발, 산란한 장식, 인공 모조품을 착용할 수 없다.
③ 임플란트 또는 액상 주사를 사용하여 근육 또는 신체의 자연적인 형태를 변형하는 것은 엄격하게 금지된다.

37 여자 피지크의 역사 ★★

① 여자 피지크(Women's Physique)는 2012년 11월 11일에 에콰도르의 과야킬에서 열린 IFBB 최고 집행위원회와 IFBB 국제 총회에 의해 새로운 스포츠 종목으로서 공식적으로 인정되었다.
② 여자 피지크 부문은 이전 여자 보디빌더들에 비해 근육은 덜 발달시키면서, 탄탄하고 미적으로 보기 좋은 피지크를 선호하는 여성들을 대상으로 실시한다.

38 여자 피지크 경기의 규정 포즈 ★★

① 프런트 포즈
② 사이드 체스트
③ 사이드 트라이셉스
④ 백 포즈

39 여자 피지크 경기의 평가 기준 ★★

(1) 1~2라운드

전반적인 체격의 느낌으로 시작으로 머리 스타일 및 화장, 전반적인 근골격의 발달, 균형, 체격의 대칭적인 발달, 피부 및 피부색의 상태 및 무대 위에서의 자신감을 표현하는 능력을 평가한다.

(2) 3라운드

근육, 선명도, 스타일, 우아함, 개성, 탄탄함, 전반적인 안무 과정을 평가한다.

40 여자 피지크 경기 중 감점 요인 ★★

① 과도한 근육 스타일이거나 혈관 및 근육의 선명도 등이 이전의 여자 보디빌딩 선수와 비슷하면 감점된다.
② 과도하게 마르거나 셀룰라이트가 있어도 감점된다.

41 여자 피지크 경기의 구성 ★★

① 예선-예선라운드: 4개 규정 포즈
② 예선-제1라운드: 4개 규정 포즈, 쿼터 턴 및 규정 포즈 비교 심사
③ 결선-제2라운드: 규정 포즈 및 포즈 다운
④ 결선-제3라운드: 개인별 자유 포즈 심사 30초

42 여자 피지크 경기의 복장 규정 ★★★

① 경기복은 투명하지 않은 일반 비키니(투피스)를 착용한다.
② 최소 대둔근(둔부)의 1/2 이상과 전면을 가리는 비키니를 착용하여야 하고 비키니의 상태는 좋아야 한다.

43 여자 피지크 경기의 복장 규정 위반 ★★★

① 끈으로 된 비키니는 엄격하게 금지된다.
② 결혼 반지, 팔찌 및 귀걸이를 제외한 장신구, 안경, 시계, 가발 및 인공 모조품을 착용할 수 없다.
③ 임플란트 또는 액상 주사를 사용하여 근육 또는 신체의 자연적인 형태를 변형하는 것은 엄격하게 금지된다(단, 인공 유방 확대술 제외).

Chapter 02 트레이닝 방법론

1 준비운동의 필요성과 효과 ★★

웜 업과 스트레칭을 하면 체온이 상승하고, 관절의 가동범위와 근육의 유연성이 향상되어 운동 시 부상의 위험도를 낮춰준다.

2 웨이트 트레이닝의 효과 ★★

① 힘을 발휘할 수 있는 능력인 근력의 증대
② 단위 시간당 힘을 낼 수 있는 능력인 파워의 증대
③ 근육의 형태 변화

3 웨이트 트레이닝 시 프리웨이트 운동과 머신 운동의 차이 ★★

① 프리웨이트 수행 시 동시에 다양한 근육들을 자극할 수 있다는 장점이 있지만, 정확한 자세를 유지하지 않으면 쉽게 부상이 따를 수 있다는 단점이 있다.
② 머신 운동은 사용방법이 쉬워 부상의 위험도가 낮다는 장점이 있지만, 해당 근육에만 자극이 들어가기 때문에 근육의 협응력이 떨어진다는 단점이 있다.

4 웨이트 트레이닝의 신체적 효과 ★★

신체 체력강화, 근력 및 근지구력 향상, 심폐 기능 및 유연성을 향상시키는 효과가 있고, 뼈의 굵기 증가와 체중 조절에도 영향을 미친다.

5 웨이트 트레이닝을 하면 근육이 비대해지는 이유 ★★

정확히 밝혀지지 않고 있으나, 운동 시 단백질의 합성과 이화가 함께 증가하는데 합성 속도가 이화 속도를 능가하기 때문에 근원세사의 단백질량이 증가한다고 본다. 특히 저항 운동이 번역작용을 자극함으로써 근원섬유의 단백질 합성을 촉진하기 때문이라고 학계에서 주장한다.

6 데피니션 ★★

근육의 선명도로, 근육의 형태가 또렷한 것을 말한다.

7 세퍼레이션 ★★

근육이 갈라짐으로서 근육과 근육의 경계선이 명확하게 분리되는 것을 말한다.

8 스트리에이션 ★★
근육의 다발이 잘 발달된 상태를 말한다.

9 웨이트 트레이닝의 정신적 효과 ★
긴장 감소, 스트레스 해소, 생활의 활력을 제공하며, 자신감 증가, 생활 만족, 삶의 질을 향상시키는 효과가 있다.

10 트레이닝의 종류 ★★

(1) 플라이오메트릭 트레이닝

가능한 짧은 시간에 최대 근력을 발휘할 수 있는 활동으로, 근육의 자연적 탄성 요소와 신전 반사에 의해서 근력을 증가시키는 방법이다.

(2) 서키트 트레이닝

순회 또는 순환식 운동으로, 몇 가지 운동 동작을 세트화하여 실시하는 방법이다.

(3) 인터벌 트레이닝

완전한 휴식이 아닌 불완전한 휴식을 통하여 신체의 피로를 충분히 회복시키기 전에 다시 운동을 실시하는 방법이다.

(4) 레피티션 트레이닝

완전한 휴식을 취한 후 트레이닝을 반복하는 방법이다.

11 트레이닝의 5가지 원리 ★★★

(1) 과부하의 원리

운동 시 일상적인 자극 이상의 물리적 운동 자극을 신체에 주는 것이다.

(2) 점진성의 원리

신체 기능의 발달을 위해서 점진적으로 부하를 올리는 원리이다.

(3) 반복성의 원리

신체가 적응할 수 있도록 운동을 장기간 반복적으로 시행하는 원리이다.

(4) 개별성의 원리

개개인의 특성에 따라 맞춤형 운동을 하는 원리이다.

(5) 특이성의 원리

운동 효과는 운동 중 사용된 특정 부위에 한정되어 나타난다는 원리이다.

12 초급자 트레이닝 원리 ★★

(1) 분리 원리
신체를 부위별로 구분하여 훈련하는 것이다.

(2) 점진적 과부하 원리
근육의 근력, 근지구력 등을 높이기 위해 점진적으로 근육에 부하를 주는 원리이다.

(3) 세트 시스템 원리
자신의 신체 조건에 맞춰 신체의 각 근육 부위마다 한 가지 운동을 3~4세트씩 행하는 원리이다.

(4) 근육혼돈의 원리
근육에 가해지는 세트 수, 반복 횟수 등에 다양한 변화를 주어 근육에 혼동을 주는 것을 의미한다.

> **참고**
>
> **근우선법(근육우선원칙)**
> (에너지가 많을 때) 운동 프로그램 초기에 가장 약한 신체부위를 먼저 운동하는 것이다.
>
> **퀄리티 원리**
> 세트 사이에 휴식시간을 점점 감소시키는 운동의 원리이다.
>
> **프리 이그져션 원리**
> 부상을 피하기 위해 가벼운 무게 운동에서 무거운 무게 운동으로 진행하는 방법이다.

13 중급자 트레이닝 원리 ★★★

(1) 슈퍼 세트 원리
서로 반대 작용을 하는 근육을 단련하는 운동으로 두 종류를 묶어서 세트 사이에 휴식 없이 실시한다.

(2) 피라미드 원리
부상을 줄이기 위해 첫 세트는 가벼운 부하로 최대 근력의 70%로 15회 정도 실시하고, 부하가 무거워질수록 반복 횟수를 10~12회 감소시키며 최대 근력의 80% 정도일 때 5~6회 반복하여 훈련하는 것을 의미한다.

(3) 컴파운드 세트 원리
동일한 근육 부위에 두 가지 이상의 운동을 연속하여 실시한다.

(4) 스플릿 원리
신체에 고강도 부하를 제공하기 위해 하루에 몸 전체의 근육 부위를 운동하지 않고 2~3개의 부위로 나누어 각 부분에 교대로 실시하는 훈련이다.

(5) 플러싱 원리
신체의 한 부분에 몇 가지 운동으로 집중적인 부하를 전달하여 해당 부위에 충혈시키는 훈련이다.

> **참고**
>
> **선피로 운동법**
> 단순 관절 운동 후 다중 관절 운동을 실시하는 것이다.
> 예 레그익스텐션 > 스쿼트

14 상급자 트레이닝 원리 ★★★

(1) 치팅 원리

반동을 이용하여 자극을 증가시키는 것이다.

(2) 트라이 세트 원리

세트 사이에 휴식 없이 같은 근육 부위로 3가지 운동을 하는 것이다.

(3) 자이언트 세트 원리

휴식이 거의 없거나 아예 휴식이 없이 4~6가지의 운동을 연속적으로 실시하는 훈련이다.

(4) 프리 이그져션 원리

부상을 피하기 위해 가벼운 운동 먼저 실시 후 무거운 운동을 실시한다.

(5) 피크 컨트렉션 원리

근육이 긴장한 상태에서 1~2초 정도 멈추었다가 이완하는 훈련이다.

(6) 더블 스플릿 원리

오전에 신체의 1~2개 부위를 훈련하고, 오후에 신체의 또 다른 1~2개 부위를 훈련하는 것이다.

(7) 퀄리티 원리

이전보다 많은 반복 횟수 또는 같은 양의 반복 횟수로 운동을 하고 있을 때, 운동 중 세트 사이의 휴식 시간을 점진적으로 감소시키는 훈련이다.

(8) 디센딩 원리

1개의 운동 종목에 대해 몇 개의 세트를 실시할 때마다 중량을 조금씩 내리면서 가벼워진 중량으로 할 수 있을 때까지 반복 실시하는 훈련이다.

15 초보자 운동 지도 방법 ★★

① 이해하기 쉬운 용어를 사용하고, 안전한 운동을 선택한다.

② 개인 수준에 맞춰 지도하고 오버 트레이닝을 조심한다.

③ 과도한 욕심으로 무리하게 운동을 진행하지 않고 점진적 과부화, 분할법, 피라미드법 등으로 안전하게 운동한다.

④ 운동, 영양, 휴식에 대해 이해가 필요하다.

16 여성의 훈련 방법과 남성의 훈련 방법의 차이 ★★

일반적으로 여성은 남성에 비해 체지방량이 많고 근육량이 적기 때문에 유산소 운동보다는 저항 운동에 비중을 높게 두고 훈련하는 방법이 권장된다.

17 연령에 따른 훈련법 ★★

연령에 따라 운동 밥법이 크게 다르지는 않지만, 노인은 골밀도가 낮고 관절에 문제가 있을 수 있어 점프 동작은 피하고 안전 범위 내에서 훈련하는 방법이 권장된다.

18 웨이트 트레이닝 시 운동 배열의 원리 ★★

훈련효과를 위해서는 먼저 가장 무거운 중량을 사용하는 대근육 부위를 중심으로 운동을 실시하고, 그 후 소근육 부위를 훈련하는 것이 좋다. 또한 다중 관절 운동에서 단순 관절 운동의 순서로 배열하는 것이 좋다.

19 자각성의 원리 ★

트레이닝 원리 중에서 자신의 컨디션을 생각하는 것이다.

20 트레이닝의 주기 ★★

기간에 따라 체계적이고 점진적으로 단계별 계획을 세우고 훈련을 실시하는 것이다. 계속 같은 방법과 주기로 트레이닝하면 인체의 항상성 때문에 근육 발달에 한계가 오고, 오버 트레이닝과 부상 위험이 있기 때문에 주기화 훈련을 적용하여 항상성에 대한 저항력과 다양한 체력 요소를 발달시켜 트레이닝 효율을 높일 수 있다.

> **참고**
>
> **트레이닝의 주기화**
> 트레이닝의 목적에 따라 프로그램을 세분화 하는 것을 말한다.
> 예 월-가슴, 화-어깨, 수-등, 목-팔, 금-하체, 토·일-휴식
>
> **적당한 1주일 훈련량**
> 훈련의 목적과 신체 상태 등의 따라 달라지겠지만 일반인은 주 3~4회, 선수는 5~7회가 적당하다.

21 분할 훈련 원칙 ★

상체와 하체를 나누거나 상체를 2~3일로 나누어서 보다 집중적이고 강도 있게 훈련하는 원칙이다.

22 분할 훈련법과 이중 분할 훈련법 ★★

분할 훈련법은 전신을 2~3일 동안 분할하여 훈련하는 방법이고, 이중 분할 훈련법은 하루동안 오전과 오후에 신체의 다른 부위를 훈련하는 방법이다.

23 취약 부위 우선 원칙 ★

에너지가 많을 때 가장 약한 부위를 먼저 훈련하고 평소에 잘 자라지 않은 근육 부위를 더욱 발달하게 하는 것이다.

24 우선 수칙과 충격 수칙 ★

(1) 우선 수칙

힘이 가장 많을 때 가장 약한 부위를 먼저 훈련한다.

(2) 충격 수칙

신체가 예상하지 못한 방법으로 운동 루틴에 변화를 준다.

25 컴파운드 세트, 트라이 세트, 자이언트 세트 ★★★

(1) 컴파운드 세트

같은 근육 부위에 2개의 운동을 하는 것을 말한다.

(2) 트라이 세트

같은 근육 부위에 3개의 운동을 하는 것을 말한다.

(3) 자이언트 세트

같은 근육 부위에 4~6개의 운동을 하는 것을 말한다.

26 슈퍼 세트의 종류 ★★★

(1) 컴파운드 슈퍼 세트

한 부위에 두 가지 이상의 운동을 하는 것이다.

(2) 오포징 슈퍼 세트

주동근과 길항근을 쉬지 않도록 운동하는 것이다.

27 디센딩 세트와 드롭세트 ★★★

(1) 디센딩 세트

일정한 휴식을 가진 후 고중량에서 경량으로 낮춰가며 실시한다.

(2) 드롭 세트

첫 세트가 끝난 후 휴식 없이 중량의 30% 정도를 낮추어 실시하는 훈련이다.

28 강제 횟수법 ★★★

훈련의 반복으로 실패 지점까지 도달하여 더 이상 반복할 수 없을 때 파트너의 도움을 받아 2~3회 강제로 횟수를 늘리는 방법이다.

29 치팅 시스템 ★★★

훈련의 반복 횟수를 증가시키기 위해 신체의 반동을 사용하는 것을 말한다.

30 초보자의 훈련 프로그램 작성 요령 ★★

큰 근육 부위로 몸을 나눈 후, 개인에 따라 다중 관절 1개 종목과 단순 관절 운동을 넣어 한 부위당 1~3개 종목으로 작성한다.

31 초보자에게 맞는 가장 적절한 유산소 강도 ★★

별 무리 없이 대화하면서 땀을 흘릴 정도의 속도, 자신의 최대 심박수의 60% 정도 되는 강도의 유산소 운동이 적절하다.

32 웨이트 머신과 프리 웨이트의 차이점 ★★

(1) 웨이트 머신

① 장점: 안정성, 편리함, 특정 부위 부하를 제공한다.

② 단점: 종류가 제한되며, 역동적인 동작 수행이 불가하다.

(2) 프리 웨이트

① 장점: 역동적인 동작이 가능하여 협응력 발달에 도움을 주고, 다양한 운동을 제공한다.

② 단점: 부상 위험이 높고, 숙련된 기술이 필요하며, 장비 사용에 있어 전문성이 요구된다.

33 운동 목표에 따른 운동 부하와 반복 횟수 ★★

① 근력: 80~90% 강도로 4~6세트 진행한다.
② 근지구력: 60~75% 강도로 12~15회 반복한다.
③ 근비대: 70~85% 강도로 8~12회 반복한다.

34 최대 심박수와 목표 심박수를 구하는 방법 ★★★

① 최대 심박수 = 220 - 자기 나이
② 목표 심박수 = (최대 심박수 - 안정 시 심박수) x 운동 강도 + 안정 시 심박수

35 웨이트 트레이닝 시 호흡법 ★★★

수축할 때 내쉬고, 이완할 때 들이마신다.

36 발살바 호흡법 ★★★

① 발살바 호흡법은 폐에 공기를 채운 후 입과 코를 막고 복부에 힘을 주어 압력을 증가시키는 호흡법이다.
② 호흡을 들이마시고 고정한 채로 상체의 지지력을 최대화하는 리프팅 방식이다.
③ 웨이트리프팅이나 파워리프팅같은 고강도 근력 운동 시 체간 안전성 확보, 무거운 물건을 들어올릴 때 척추 보호에 도움이 된다.

37 오버 트레이닝 ★★

평소의 훈련 강도보다 높은 강도의 훈련으로 근육의 피로도가 증가하여 정상 컨디션으로 돌아오지 못하는 신체 상태를 의미한다.

38 웨이트 트레이닝 후 심한 피로감 및 근육 통증이 느껴지는 이유 ★★

운동 에너지로 쓰이고 난 부산물인 젖산 때문이다.

39 트레이닝 역치 ★★

① 운동을 시작한 후 근육에 자극이 발생하는 시점을 말한다.
② 웨이트 트레이닝에서는 역치 이상의 부하를 가해야만 운동의 효과가 나타난다.

40 젖산 역치 ★★★

고강도의 운동을 했을 때 근육에는 젖산이 축적된다. 인체는 이렇게 축적된 젖산을 제거하게 되는데, 젖산의 축적 속도가 젖산의 제거 속도보다 빠르게 되면 근육에 피로감과 통증을 느끼게 된다. 이 시점을 젖산의 역치라고 한다.

41 스포츠 빈혈 ★★

격렬한 운동으로 인한 강한 압력으로 적혈구가 충격을 받아 막이 터지게 되면서 적혈구 내 헤모글로빈이 유출되는 '용혈'이라는 현상에 의해 발생한다.

42 운동 처방의 가장 기본적인 구성 요소 ★★★

① 운동 목적
② 운동 목표
③ 운동 형태
④ 운동 강도
⑤ 운동 빈도
⑥ 운동 시간

43 1RM ★★★

한 관절을 중심으로 발휘되는 최고의 힘이다.

44 근비대를 위한 1RM 대비 적절한 운동 강도 ★★

1RM의 70~85%로 훈련하는 것이 적절하다.

45 보디빌딩 운동에서 근비대를 위한 가장 중요한 요소 ★★★

① 영양
② 휴식
③ 운동

46 보디빌딩의 5대 요소 ★★

① 트레이닝
② 영양
③ 피로 회복, 휴식
④ 피부색
⑤ 정신적 자세

47 스티프 데드리프트, 데드리프트 ★★

① 스티프 데드리프트는 대퇴 이두근을 발달시킨다.
② 데드리프트는 대둔근, 척추 기립근, 광배근을 발달시킨다.

48 스쿼트 ★★

대퇴근육을 발달시키기 위한 가장 기본적인 운동이다.

49 상복부 운동 ★★

① 크런치
② 싯업
③ 로프 크런치

50 전완근 운동 ★★

① 리스트 컬
② 리버스 리스트 컬

51 척추 기립근을 발달시키는 운동 ★★★

① 데드리프트
② 하이퍼 익스텐션
③ 굿모닝 엑서사이즈

52 요통 환자가 피해야 할 운동 ★★

① 벤트 오버류, 스쿼트, 데드리프트 등 고관절과 허리를 함께 사용하는 운동을 피한다.
② 운동 기구의 무게가 허리에 부담을 주고 척추에 불필요한 압력을 주기 때문이다.

53 체형의 종류와 특징 ★★

① 외배엽형, 중배엽형, 내배엽형으로 구분된다.

② 외배엽형은 마르고 살이 잘 찌지 않는 체형이다.

③ 중배엽형은 균형이 잘 잡힌 체형으로 근육발달이 잘 이루어진다.

④ 내배엽형은 느린 신진대사로 인해 살이 찌기 쉬운 체형이다.

> **참고**
>
> **여성은 남성에 비해서 훈련방법에 차이가 있을까?**
> 성별에 따라 훈련방법에 큰 차이는 없다. 다만, 성별에 따른 호르몬으로 인해 근 성장 속도의 차이는 발생한다.
>
> **나이든 사람은 젊은 사람과 다르게 운동을 해야 되는가?**
> 노화가 진행하면서 근육량, 근력, 관절 등이 많이 약화된 상태라서 젊은 사람에 비해 운동강도, 운동빈도, 운동시간 등을 철저히 고려해야 한다.

Chapter 03 운동영양학 & 운동생리학

01 운동영양학

1 우리 몸의 필수 영양소 ★★

(1) 3대 영양소
　① 탄수화물
　② 지방
　③ 단백질

(2) 6대 영양소
　① 탄수화물
　② 지방
　③ 단백질
　④ 무기질
　⑤ 비타민
　⑥ 물

2 수분의 역할 ★★

① 체온 조절
② 영양분 전달
③ 노폐물 배출

3 탈수 현상 ★★

체내 수분이 부족한 탈수 현상이 발생하면 생리적 기능의 실조를 초래하고, 운동 능력 및 체온 조절 능력을 상실하게 된다.

4 시합 전 수분 조절 방법 ★★

시합 1~2주 전에는 충분한 수분을 섭취하여 염분을 배출하고, 시합 하루 전부터는 수분 섭취를 조절하여 근육 선명도를 높여준다.

5 영양소 1g당 칼로리 ★★

① 탄수화물: 4칼로리

② 지방: 9칼로리

③ 단백질: 4칼로리

6 트레이닝을 위한 에너지 영양소 ★★

탄수화물, 지방, 단백질로 구분하며, 이는 ATP를 합성하는 데 필요한 에너지를 공급하기 위하여 화학적으로 분해하는 물질이다.

7 탄수화물 섭취 후 탄수화물이 저장되는 세 곳 ★★★

① 근육(글리코겐)

② 간

③ 혈액(글루코스)

8 단백질의 기능과 종류 ★★★

(1) 기능

① 세포, 생체의 구성 성분이다.

② 효소나 호르몬을 생성한다.

③ 근수축을 위한 기본 요소이다.

(2) 종류

① 1g당 4칼로리의 아미노산으로 된 복잡한 고분자 n화합물이다.

② 식물성 단백질에는 콩, 땅콩, 곡물, 옥수수, 해바라기씨 등이 있다.

③ 동물성 단백질에는 육류, 생선, 닭고기, 계란, 우유, 치즈 등이 있다.

9 완전 단백질, 불완전 단백질 ★★

① 완전 단백질은 생명체의 성장과 유지에 필요한 필수 아미노산을 포함한다.

② 불완전 단백질은 필수 아미노산이 하나 이상 없고, 생명체의 성장과 유지에 어려움이 있다. 그 종류에는 두부, 견과류, 곡류 등이 있다.

10 단백질 섭취 시기 ★★

운동 직후 60분 이내가 동화 작용을 촉진시킬 수 있는 최적의 기회이며, 더불어 탄수화물도 같이 섭취해 주는 것이 좋다.

11 체지방 ★★

① 피하 지방과 내장 지방이 있다.
② 피하 지방은 피부 밑에 있는 지방을 말한다.
③ 내장 지방은 인체의 장기 사이에 끼어 있는 지방을 의미한다.

12 포화 지방과 불포화 지방 ★★

① 포화 지방은 시간이 지나면 굳어지는 특징이 있어 심혈관 질환을 유발한다.
② 불포화 지방은 시간이 지나도 굳어지지 않고 견과류나 생선류에 많이 포함되어 있어 콜레스테롤 수치와 심혈관 질환 발생 위험을 낮춰주는 역할을 한다.

13 생리적으로 남녀의 최소 지방 보유율 ★★

① 남성 5%
② 여성 10%

14 비타민C ★★

근육 운동이나 스포츠 활동에 효과적이다.

15 비타민C의 효과 ★★

항암 작용 및 감기 예방, 피부 치료 기능 향상에 도움된다.

16 엽산 ★★

단백질 대사와 세포 분열, DNA와 RNA 합성에 있어서도 중요한 비타민이다.

17 웨이트 트레이닝의 주 연료원 ★★

탄수화물이며, 탄수화물 ⇨ 지방 ⇨ 단백질 순으로 사용된다.

18 유산소 운동 시 주로 사용되는 에너지원 ★★

유산소 운동 시 지방을 에너지원으로 사용하고, 운동 시간이 극도로 길어지거나 에너지원의 고갈 시 단백질을 분해하여 에너지로 사용한다.

19 트레이닝을 위한 필요 칼로리 ★★

성인의 일상생활에 필요한 칼로리는 2,000~2,500kcal이다. 그러나 일반적으로 트레이닝 기간 중 성인에게 필요한 칼로리는 3,000~3,500kcal이다.

20 당뇨병의 종류 ★★★

① 당뇨병은 인슐린의 분비량이 부족하거나 정상적인 기능이 이루어지지 않는 대사 질환의 일종이다.
② 제1형은 인슐린을 전혀 생산하지 못하는 것이고 주로 어린 나이에 발병한다.
③ 제2형은 인슐린 저항성이 특징이며 가장 빈번하게 발견되는 당뇨병 형태이다.

21 카보 로딩 ★★★

탄수화물 에너지원이 고갈되는 것을 늦추기 위해 추가적으로 인체에 탄수화물을 저장시키는 방법이다.

22 포도당 ★★

① 단당류에 해당하며 글루코스라고도 한다.
② 모든 생물체에게 중요한 에너지원이며, 과일에 많이 들어 있다.
③ 에너지가 급하게 필요할 때 저장된 글리코겐이 포도당으로 전환되고, 글리코겐 저장이 더 이상 불가능할 때 여분의 포도당은 지방으로 전환된다.

23 글리코겐 ★★

우리가 섭취한 영양소 중 탄수화물이 분해되어 간이나 근육 등에 저장되어 있다가 운동할 때 바로 운동 에너지로 쓰이는 탄수화물의 최종 형태이다.

24 BCAA에 대해 설명 ★★

① 분지 사슬 아미노산으로 류신, 이소류신, 발린을 의미한다.
② 손상된 근육의 회복에 도움을 주고 근육의 피로를 막는다.

25 필수 아미노산 ★★★

(1) 정의

 필수아미노산은 인체가 스스로 합성할 수 없어 반드시 식품을 통해 섭취해야 하는 아미노산이다.

(2) 완전 단백질 식품의 종류

 완전 단백질(모든 필수아미노산 함유) 식품으로는 계란, 우유, 고기, 생선, 퀴노아 콩류와 쌀의 조합 등이 있다.

(3) 부족 증상

 필수 아미노산이 부족하면 면역기능저하, 근육량감소, 피로, 우울증, 소화문제 등이 발생할 수 있어 균형 잡힌 식단을 통해 적절히 섭취하는 것이 중요하다.

(4) 종류

 ① 류신
 ② 이소류신
 ③ 발린
 ④ 라이신
 ⑤ 메티오닌
 ⑥ 트레오닌
 ⑦ 트립토판
 ⑧ 페닐알라닌
 ⑨ 히스티딘

26 카르니틴 ★★

지방의 활용을 향상시키는 등의 기전을 통해 유산소성 지구력을 증가시키며, 에너지 보충물 능력을 인정받은 화합물이다.

27 엘카르니틴 ★★★

① 지방산을 에너지로 변환하는 효소이다.
② 운동 전 섭취하면 지방산의 산화를 촉진하고 근육의 활동을 증가시켜 피로감을 해소하는데 도움이 된다.

28 글루타민 ★★

① 비필수 아미노산의 하나로, 면역력을 높여주고 근육통과 피로를 해소시켜주는 성분이다.
② 근 손실을 방지해준다.

29 글루타민산 ★★

① 비필수 아미노산의 하나로, 근 손실이 발생할 경우 근육 합성을 촉진시키고 면역 체계를 활성화시킨다.

② 근육량 증가가 목표일 경우 섭취를 권장하지만 신장에 이상이 있다면 섭취 시 주의한다.

30 크레아틴 ★★★

① 붉은 색 육류나 생선에 많이 함유된 아미노산이다.

② 주로 근육에 저장되는데 약 98%의 크레아틴이 골격근에 저장되어 있다. 그중 50%는 인산크레아틴 형태로 저장되며 보통 70kg 정도의 남성에게 저장된 근육 내 크레아틴은 약 120g 정도이다.

31 유청 단백질 ★★

우유에서 추출한 고급 단백질로, 흡수가 빨라 운동 후 빠른 영양 공급을 위해 섭취한다.

32 동화 작용과 이화 작용 ★★★

① 동화 작용은 근육에 단백질을 합성해주는 작용이다.

② 이화 작용은 근육이 분해되는 작용이다.

③ 웨이트 트레이닝을 하면 이화 작용보다 동화 작용이 더 활발하며, 동화 작용을 촉진하기 위해 운동 직후 '기회의 창'을 이용하여 영양을 섭취해 주는 것이 좋다.

> **참고**
> 기회의 창
> 고강도 트레이닝을 완료한 후 1시간 이내 영양분 흡수에 대한 극대화 현상이 지속되는 것을 말한다.

33 스테로이드 ★★

① 약물로 신체적 · 정신적 스트레스를 이겨낼 수 있는 에너지를 제공한다.

② 부작용으로 얼굴이 붓고 홍조가 나타나며, 체중 증가, 골다공증, 면역 기능 저하, 우울증 등의 증상이 나타난다.

34 운동 전 카페인 섭취 효능 ★★

① 카페인은 각성 효과가 있어 신체의 피곤함을 덜어준다.

② 운동 시 중추 신경을 흥분시켜 유산소 운동을 할 때 지방을 최대한 활용하게 해주고, 고강도 운동을 할 때는 힘의 생성을 늘려주는 효과가 있다.

③ 과도한 섭취는 불안감, 불면증 등을 초래하며 이뇨 작용을 일으킬 수 있다.

02 운동생리학

1 피가 생성되는 곳 ★★
피는 뼈(골수)에서 생성된다.

2 인체를 연결하는 뼈의 개수 ★
인체는 206개의 뼈로 연결되어 있다.

3 운동이 뼈에 미치는 영향 ★★★
① 운동은 뼈를 자극하여 골밀도를 높혀준다. 그로 인해 뼈가 튼튼해져 무기질 저장 및 공급, 조혈 작용이 원활해진다.
② 또한 성장기 때 운동으로 성장판을 자극하면 키가 자라는데 도움이 된다. 그러나 무리한 운동은 뼈를 손상시킬 수 있으니 적당한 운동을 하는 것이 중요하다.

4 근육의 종류 ★★

(1) 골격근
　　인체의 움직임을 관장하는 근육으로, 우리의 의지대로 수축할 수 있는 수의근이며 가로무늬 형태이다.

(2) 심장근
　　심장과 심장 주변 혈관에 국한되며, 평활근과 같은 불수의근이고 가로무늬 형태이다.

(3) 내장근
　　소화관 벽이나 혈관벽과 같은 유강성 장기를 둘러싸고 있으며, 불수의근이고 민무늬 형태이다.

5 근섬유의 종류 ★★★

(1) 지근
　　① 적근이라고도 한다.
　　② 수축 반응이 느리고, 운동 강도가 낮은 신체 활동에 사용되며, 쉽게 피로해지지 않는다.

(2) 속근
　　① 백근이라고도 한다.
　　② 수축 반응이 빠르고, 운동 강도가 높은 신체 활동에 사용되며, 쉽게 피로해진다.
　　③ 속근섬유는 피로에 저항하는 능력에 따라 종류가 세분화 된다.

6 주동근과 길항근 ★★★

(1) 주동근
운동 부위에 직접적으로 움직임을 일으키는 근육이다.

(2) 길항근
주동근의 반대로 움직임을 느리게 하거나 정지시키는 근육을 말하며, 관절을 안정시키고, 움직임이 빠른 후반부에 팔다리의 속도를 늦춰 동작을 잘 마무리할 수 있도록 도와준다.

7 근육의 세 가지 수축 형태 ★★★

(1) 등장성
근육의 길이에 변화가 있으면서 근력이 발휘되는 수축이다.

(2) 등척성
근육의 길이 변화가 없으면서 근력이 발휘되는 수축이다.

(3) 등속성
근육의 이완과 수축이 같은 힘으로 이루어지는 수축이다.

8 근력 운동의 두 가지 종류 ★★

(1) 정적 운동
움직임 없이 근력을 발휘하는 것이다(등척성 운동).

(2) 동적 운동
움직이면서 근력을 발휘하는 것이다(등장성 운동).

9 등속성 수축 ★

관절각이 일정한 속도로 운동하는 근수축이다.

10 등척성 수축 ★★★

① 근섬유의 길이 및 관절각의 변화 없이 장력이 발휘되는 수축이다.
② 근육에 의해서 발휘될 수 있는 힘보다 무거운 물건을 지탱하거나 움직일 수 없는 물건을 밀거나 당길 때 나타나는 근수축이 등척성 수축이다.

11 등장성 수축 ★★

외부 저항으로 인해 근육의 장력이 움직이는 관절각에 따라 변화하는 근수축을 말한다.

12 단축성 수축과 신장성 수축 ★★★

(1) 단축성 수축

근육의 길이가 짧아지며 수축하는 운동이다.

(2) 신장성 수축

근육의 길이가 길어지며 수축하는 운동이다.

13 지연성 근육통 ★★★

① 강도 높은 운동을 한 후, 24~48시간 동안 나타나는 근육통이다.

② 운동 직후에는 아무런 문제가 없다가 뒤늦게 근육 통증이 느껴지고 불편감이 나타나는 것이다.

> **참고**
> 피로회복에 걸리는 시간은 어느 정도가 필요한가?
> 회복시간은 개인의 운동강도, 영양섭취, 휴식에 따라 달라지며, 일반적으로 24~72시간 정도가 필요하다.

14 ATP ★★★

에너지원으로 탄수화물, 지방, 단백질이 산소를 만나 ATP를 생성하고, 생명 활동에 이용한다.

15 에너지 시스템 ★★★

① 인체가 신체 활동을 하기 위해서는 에너지가 필요하다. 에너지는 일이나 활동을 할 수 있는 능력을 말하며, 근육에서 직접적으로 사용할 수 있는 화학적 에너지는 ATP이다.

② 이 ATP를 재합성하여 에너지로 사용하는 ATP-PC시스템과 젖산 시스템의 무산소성 과정이 있고, 유산소 시스템의 유산소성 과정이 있다.

16 ATP-PC 시스템 ★★★

① 강한 근력 운동 시 에너지는 빠르게 고갈되고, ATP는 근수축에 필요한 에너지를 방출한다.

② 하지만 근육 속에 저장되어 있는 ATP의 양은 아주 소량이므로 ATP는 ADP+PI로 분해가 되고, PC가 C+PI로 분해되면서 ADP+PI를 ATP로 재합성한다. 이때 ATP의 양은 최대 운동을 할 때 1~2초 동안, PC는 약 6~8초 후에 고갈된다.

17 유산소 시스템 ★★

① 산소를 이용하여 에너지를 만드는 시스템이다.
② 운동 시 산소가 충분히 공급될 경우 글리코겐이 이산화탄소와 물로 분해되면서 ATP를 생성한다.
③ 젖산의 축적을 막으면서 ATP를 생성하므로 주로 장시간 운동에 사용된다.

18 크레아틴이 골격근 내에서 차지하는 비율(%) ★★

약 95% 정도를 차지한다.

19 탄수화물의 저장 방법 ★★

① 탄수화물은 인체의 주 에너지원이다.
② 간과 근육에 글리코겐의 형태로 저장되어 이용되며, 간과 근육에서 사용하고 남은 탄수화물은 지방의 형태로 저장된다.

20 정상 혈당 수치 ★★

공복 혈당 정상 수치는 70~100mg/dl이고, 식후 2시간 혈당 정상 수치는 90~140mg/dl이다.

21 BMR(기초 대사량) ★★

기초 대사율의 약어이다. 생명 유지에 필요한 최소의 열량을 기초 대사량이라고 하는데, 실제 검사한 기초 대사량과 피검자의 연령, 성별에 해당하는 표준 대사량과의 차를 표준 대사량으로 나누고 100을 곱하여 얻은 수치이다.

22 산소 부채 ★★

무산소 운동과 같이 심한 운동 후에는 호흡을 헐떡이며 깊은 숨을 몰아쉬게 된다. 이와 같이 운동 중에 호흡을 하지 못하고 운동 후에 몰아쉬는 것을 산소 부채라고 한다.

23 스포츠 심장 ★★★

스포츠를 통해 단련된 사람의 심장으로, 심장 근육이 두꺼워져 심장에서 혈액을 내보내는 능력이 좋아 낮은 심박수로도 충분한 혈액 공급이 가능하다.

> **참고**
>
> 세컨드 윈드
> 운동 시 가장 힘든 지점(사점: Dead Point)을 넘어가서 편안하게 운동하는 상태이다.

24 BMI ★★

① 체질량 지수를 말하며, 신장과 체중의 비율을 나타낸다.

② 근육과 지방의 무게를 구분하지 않아 근육량이 많은 사람에게는 적합하지 않다.

25 비만의 기준이 되는 남성과 여성의 체지방률 ★★

남성은 20% 이상, 여성은 30% 이상일 경우 비만이라고 한다.

26 여성의 근육이 남성처럼 크게 발달하지 않는 이유 ★★

근육 형성에 영향을 주는 대표적인 호르몬인 테스토스테론은 근육의 성장과 발달에 주도적인 역할을 한다. 이 호르몬은 여성보다 남성에게 많이 생성되고 여성에게는 에스트로겐이라는 호르몬이 더 많은데, 이 호르몬은 근육량 감소, 지방 축적 증가에 관여한다.

> **참고**
>
> **기초대사량(BMR)**
> · 생명을 유지하기 위해 사용되는 최소한의 에너지량이다.
> · 일반 성인의 기준으로 했을 때 기초대사량은 1,440kcal이다(남 1,500~1,800kcal, 여 1,000~1,500kcal).

27 남성 호르몬과 여성 호르몬의 차이 ★★

① 남성 호르몬인 테스토스테론은 남성화 작용 및 근육 형성을 도모한다.

② 여성 호르몬인 에스트로겐은 근육량 감소 및 지방 축적 증가에 관여한다.

> **참고**
>
> **웨이트 트레이닝 시 여성이나 40대 이상의 성인들에게 권장할 최적의 부하 강도와 세트 수**
> · 여성은 근력이 약한 경우가 많기 때문에 저강도 지구성 운동부터 진행하는 것을 권장한다.
> · 40대 이상의 여성은 폐경을 기점으로 근육이나 골밀도가 급격하게 감소하기 때문에 저강도 운동을 권장한다.
> · 40대 이상의 남성은 서서히 신체능력이 퇴화가 진행되기 때문에 고강도 운동보다는 저강도 운동이나 중강도 운동으로 통해 점진적으로 늘려나가는 것을 권장한다.

28 당 수치에 민감한 반응을 보이는 호르몬 ★★★

인슐린

29 아르기닌의 효과 ★★

체내에서 엘-아르기닌 형태로 존재할 때 생리적인 활성을 나타내는 준필수 아미노산이다. 엘-아르기닌은 아미노산 보충 등의 목적으로 사용하고, 혈관 이완을 통해 혈행 개선에 도움을 주는 기능성 원료로도 사용한다.

30 부정적 사고와 긍정적 사고를 할 때 인체에서 생성되는 호르몬 ★★

① 아드레날린
② 엔도르핀

31 망간 ★★

세포 내 미토콘드리아의 지방산 합성과 탄수화물 대사에 관여하는 세포 '발전소'의 구조와 기능에 필요한 미네랄이다.

32 운동 중 고원 현상 ★★

고원 현상은 어느 수준까지 증가하던 학습 효과가 학습의 종류에 따른 학습자의 피로, 권태, 흥미의 상실과 같은 생리적·심리적 요인에 의해 일시적으로 정체될 때 나타난다.

33 IOC가 도핑을 금지하는 윤리적 이유 ★★

경기력 향상을 목적으로 금지 약물을 사용하는 것은 정당하고 공평한 경쟁이 요구되는 올림픽의 기본 정신을 위배하는 것이며, 약물 복용을 하지 않는 선수들에게 불합리한 결과를 가져오기 때문이다.

34 도핑 테스트에 걸리는 구골수피, 구골엽, 고정다, 오동자, 다엽의 성분

카페인

35 도핑 테스트에 걸리는 마황의 성분 ★★

에페드린

● 참고 ●

부교감신경
부교감신경의 기능은 에너지를 보존하는 것이다.
예 식사 후, 수면, 휴식

교감신경
교감신경은 신체가 갑작스럽고 심한 운동이나 공포, 분노와 같은 위급한 상황에 대비하고 반응한다.
예 운동 시, 천적을 만났을 때, 위급 상황 시

Chapter 04 생활체육론 & 응급처치

01 생활체육론

1 생활체육의 정의 ★★

일상적인 생활에서 여가 시간을 활용하여 성별 구분 없이 적절한 체육 활동이 가능한 연령대 모두가 즐길 수 있는 체육 활동을 말한다.

2 생활체육의 목적 ★★

국민의 자발적인 참여를 통해 개인의 건강을 증진시키고, 여가 선용을 통하여 삶의 질을 향상시키는 데 그 목적이 있다.

3 생활체육의 목표 ★★

① 체육 내용의 다양화
② 체육 활동의 생활화
③ 체육 방법의 합리화
④ 체육 환경의 복지화

4 생활체육의 의의 ★★

① 현대 사회는 사회생활의 공적 영역과 사적 영역이 분리된 사회이다. 생활체육은 사적 영역에 해당하며 개인의 자유로운 의지에 기초하여 활동을 선택하고 삶의 기회를 확대할 수 있도록 제공되는 영역이다.
② 생활체육은 모든 사람을 위한 평등에 기초한 국민복지운동이다.
③ 생활체육은 분열과 투쟁의 현실 세계를 살아가는 사람들에게 화해와 공동체적 삶의 세계를 경험할 수 있는 기회를 제공한다.
④ 생활체육은 궁극적으로 삶의 질적 향상을 통해 행복감을 맛보게 함으로써 삶을 풍요롭게 한다.

5 생활체육의 필요성 ★★

① 건강과 체력 증진을 위해 필요하다.
② 여가 시간이 늘어나고 대중 스포츠 인구가 증가하였다.
③ 국민의 체육에 대한 가치관과 태도가 변화하였다.
④ 여가 활동에 대한 요구가 증대되었다.

6 생활체육의 역할 ★★

① 인간성 회복
② 평생 교육
③ 국민 건강 증진
④ 지역 사회 개발
⑤ 청소년 선도
⑥ 여가 선용

7 생활체육의 기능 ★★

(1) 사회적 기능
생활체육은 사회 구성원이 그 사회의 생활 원리와 조화를 이루어 행동하며 살아가도록 사회화시키고, 각기 다른 개성과 이해를 지닌 이질적인 개인 유기체를 공동체로 융화하여 화합시키는 기능을 한다.

(2) 생리적 기능
생활체육은 운동량이 부족한 현대 사회의 인간에게 필요한 적정량의 신체 활동 무대를 제공함으로써 극단의 열악한 환경에서도 견딜 수 있는 튼튼한 체력을 기를 수 있게 한다.

(3) 심리적 기능
체육 활동은 극단적인 감정인 즐거움, 미움, 슬픔 등과 같은 정서적 앙금을 발산시키기 위한 좋은 기회를 제공하고, 강한 연대 의식, 우애, 소속감, 친밀감 및 친교의 감정을 유발하는 잠재력을 지니고 있다.

8 생활체육의 구성 ★★

① 생활체육 시설
② 생활체육 프로그램
③ 생활체육 지도자

9 생활체육의 대상 ★★
① 지역 사회 자생 동호인 체육단체 및 조직 가입자
② 스포츠 종목별 동호인 단체 및 조직 가입자
③ 직장 동호인 체육단체 및 조직 회원
④ 상업체육 회원 및 등록자
⑤ 공공체육 시설 및 민간단체 체육 시설 이용자

10 생활체육의 활성화 방법 ★★
① 국민 누구나 언제, 어디에서든 생활체육을 즐길 수 있도록 충분한 시설이 필요하다.
② 모든 연령층이 참여할 수 있도록 다양한 생활체육 프로그램을 개발하고 제공하여야 한다.
③ 생활체육을 지도하는 지도자와 지도자를 양성하기 위한 교육이 필요하다.

11 생활체육 프로그램의 계획 과정 ★★
프로그램의 목적 이해 → 욕구 조사 → 프로그램 목적 및 목표 설정 → 프로그램 계획 수립 → 프로그램 실행 → 프로그램 평가 및 보완

12 생활체육 프로그램의 구성 원리 ★★★
① 평등성
② 창조성
③ 욕구 반영성
④ 다양성
⑤ 전문성
⑥ 평가성
⑦ 보완성
⑧ 편의성
⑨ 전달성

13 생활체육 지도자의 개념 ★★
생활체육 참가자에 대한 안내자, 지시자, 영향력 행사자 등의 역할을 수행하는 사람이다.

14 생활체육 지도자의 역할 ★★★

(1) 안내자

생활체육 활동 경로를 직간접적으로 제시해주고 생활체육 활동 욕구를 충족시켜 주며 바람직한 활동 결과를 얻을 수 있도록 도와주는 역할을 한다.

(2) 지시자

참가자를 관리하고 지침, 명령의 형태로 참가자를 통제한다.

(3) 영향력 행사자

생활체육 활동에 몰입할 수 있도록 지도력을 발휘하고 생활체육 조직 내에서 자신의 지위에 의해 부여되는 권위보다는 자신의 인격과 식견, 매력에 의한 영향력 신장을 통하여 참가자를 지도한다.

15 생활체육 지도자의 자질 ★★★

① 의사 전달 능력
② 투철한 사명감
③ 활달하고 강인한 성격
④ 도덕적 품성
⑤ 칭찬의 미덕
⑥ 공정성

16 생활체육 지도자의 기능 ★★

① 지도자는 개인 및 집단의 목표를 확인하여 제시한다.
② 지도자는 목표 달성을 위한 방법 및 절차를 개발하여 제시한다.
③ 지도자는 참가자의 동기를 유발한다.
④ 생활체육 집단의 긍정적 분위기를 조성한다.
⑤ 지도 활동을 통하여 동료 의식 및 응집성을 강화한다.

17 생활체육 지도의 원리 ★★

① 생활체육의 철학적 기초에 근거하여 지도한다.
② 필요한 지식을 전달하고 습득한다.
③ 욕구와 개인차를 고려한다.
④ 과학적이고 체계적인 방법을 사용한다.
⑤ 자발적으로 참가를 유도한다.
⑥ 다양하고 정확한 정보를 제공한다.

18 생활체육 지도의 목표 ★★

① 신체적 · 정서적 건강을 증진시킨다.
② 운동 기술을 습득한다.
③ 건전한 품성을 개발한다.
④ 삶의 즐거움을 추구한다.
⑤ 사회적 관계를 개선한다.
⑥ 사회적 안정을 도모한다.

02 응급처치

1 응급처치의 필요성 ★★

갑자기 발생한 외상이나 질환에 대해 최소한의 긴급처치를 해야 한다. 응급 환자의 생명을 구할 수 있으며, 통증의 감소 및 장애를 방지하여 치료 기간을 단축시키고, 응급 환자가 회복 후에도 가치 있는 삶을 살아갈 수 있도록 도와준다.

2 응급처치의 중요성 ★★

① 환자의 생명을 구하고 현 상태를 유지한다.
② 상태의 악화를 방지하고, 고통을 경감한다.
③ 치료 기간과 입원 기간을 단축한다.
④ 의료비 지출을 줄여 준다.

3 응급처치 시의 기본 사항 ★★

① 위급 상황이라는 것을 인지하고 어떻게 행동할 것인지를 결정한다.
② 119에 신고하고 정확한 위치를 설명한다.
③ 119 구급대가 사고 현장에 도착할 때까지 적절한 응급처치를 한다.

4 응급처치 시 지켜야 할 사항 ★★

① 응급처치자 자신의 안전을 확보한다.
② 당황하지 않고 신속하고 침착하게 대응하며 중증 환자부터 우선 처치한다.
③ 환자의 생사에 대한 판단은 하지 않는다.
④ 원칙적으로 의약품을 사용하지 않으며, 검증되지 않은 민간 요법도 사용하지 않는다.
⑤ 어디까지나 응급처치로 그치고 전문 의료 요원의 처치에 맡긴다.

5 응급 상황 시 행동 요령 ★★

① 현장을 조사한다.
② 연락을 취한다.
③ 처치 및 도움을 요청한다.

6 의식이 있는 환자의 응급처치법 ★★★

① 우선 환자와 목격자에게 상황을 물어보고 환자를 전체적으로 살펴본다.
② 확인 과정이 끝나고 환자가 통증 없이 움직일 수 있으면 앉히거나 편안한 자세를 취하게 한다.
③ 아울러 어떤 처치가 더 필요한지, 119 신고가 필요한지에 대해서 결정한다.

7 의식이 없는 환자의 응급처치법 ★★★

① 의식을 확인한다.
② 응급 의료 기관에 연락한다.
③ 호흡을 확인한다.
④ 흉부를 압박한다(30회 흉부 압박하기).
⑤ 기도를 개방한다.
⑥ 인공 호흡을 실시한다.
⑦ 순환을 확인한다.

8 RICE 처치법 ★★★

① RICE 처치법은 뼈, 관절, 근육 부상의 치료를 위한 휴식(Rest), 얼음찜질(Ice), 압박(Compression), 거상(Elevation)의 각 첫 글자를 합친 것이다.
② 부상 후 48~72시간 내에 조치가 취해져야 통증을 줄이고 예방하는 데 도움이 된다.
③ 골절이나 탈구의 경우 움직이지 않게 고정하거나 테이프 등으로 감아주어 움직이지 못하도록 한다.

9 출혈이 있는 환자 응급처치법 ★★★

① 상처의 범위와 정도를 먼저 평가한다.
② 처치자는 감염으로부터 보호받기 위해 의료용 장갑을 착용한다.
③ 옷을 벗기거나 잘라서 상처 부위를 드러내고 출혈이 있는 곳을 찾는다.
④ 소독 거즈나 깨끗한 천으로 상처 부위를 완전히 덮고 손가락으로 직접 압박하여 지혈한다.
⑤ 출혈이 계속되면 상처 부위를 직접 압박함과 동시에 압박점에 압박을 가해서 혈류를 늦춘다.
⑥ 부목으로 상처 부위를 고정한다.

Chapter 05 스포츠 인권

1 성희롱, 성추행, 강제 추행, 성폭행, 성폭력 ★★★

(1) 성희롱
  말과 행동 등으로 성적 수치심을 불러일으키는 행위이다.

(2) 성추행
  신체 접촉 등을 통해 혐오감을 주는 행위이다.

(3) 강제 추행
  폭행과 협박 등을 통해 타인을 강제적으로 추행하는 행위이다.

(4) 성폭행
  강제적으로 성관계를 요구하거나 실행하는 행위이다.

(5) 성폭력
  성희롱, 성추행, 강제 추행, 성폭행의 요소를 포함하는 가장 큰 범주(성적 자기 결정권 침해)이다.

> **참고**
>
> **성희롱, 성폭력 예방 매뉴얼**
> · 상대방의 싫다는 표현에 대해 진지하게 받아들이고, 반드시 타인의 의사를 존중해야 한다.
> · 침묵은 동의가 아니다. 상대의 의사표현이 불분명하다면 반드시 분명한 의사를 다시 확인해야 한다.
> · 신체나 외모에 대한 성적인 평가나 비유를 하면 안 된다.

2 스포츠 폭력의 정의 ★★

스포츠 영역에서 스포츠인을 대상으로 폭행 및 감금, 갈취, 강요, 협박 등 정신적 · 신체적 · 금전적으로 피해를 가하는 것을 의미한다.

3 스포츠 폭력의 예방법 및 대처법 ★★

(1) 예방법

① 지도자는 선수 모두를 공평하게 대해야 한다.
② 인격이나 명예를 훼손하는 등의 언행을 하지 않아야 한다.
③ 사전에 선수에게 훈련 방법 및 과정 등을 상세히 설명하고 대화를 통해 충분한 의견을 수렴할 수 있도록 한다.

(2) 대처법

① 피해자의 안전 보호를 최우선으로 두고 진위 파악, 증거 확보 등의 조사를 한다.
② 가해자 및 사건 연루자에게 사건의 심각성을 인식하게 하고 처벌과 재발 방지를 위한 교육을 실시한다.

4 스포츠 성폭력 피해자의 대처 방법 ★★★

① 피해자는 추가 피해를 막기 위해 피해 상황에서 즉시 벗어날 수 있도록 한다.
② 피해 옷차림 그대로 즉시 병원을 방문하여 진찰을 받는다.
③ 피해 사실에 대한 기록 및 증거 자료를 확보한다.
④ 스포츠인권센터, 한국성폭력상담소, 수사 기관, 동료, 지도자, 부모님 등에게 도움을 요청한다.
⑤ 외상이나 심리적 트라우마에 시달리지 않도록 치료에 적극적으로 임한다.

5 성 그루밍 ★★★

피해자와 오랜 기간 동안 친분을 쌓아 심리적으로 지배한 후 언어적·신체적 성적 착취를 가하는 것이다.

6 성인지 감수성 ★★★

성별 간의 사회적 불평등을 인지하고 일상생활 속에서 성차별적 요소를 감지해 내는 민감성을 의미한다.

Chapter 06 유소년 스포츠지도사

1 유소년 신체적, 정신적 트레이닝 지도법 ★★★

(1) 신체적
유소년은 성인과 달리 신체적으로 뼈나 근골격계가 완성되지 않은 미성숙한 단계이므로 신체의 기능이 성인에 비해 약하기 때문에 저강도 운동을 반복하는 형태로 흥미와 재미 위주의 프로그램을 구성하여 지도하는 것이 좋다.

(2) 정신적
아울러 과도한 경쟁과 승리에 대한 집착보다는 스포츠를 통해 스포츠맨십, 인격형성, 성취감, 자신감 등을 배울 수 있도록 지도해야 한다.

2 유소년의 효율적인 지도방법 ★★★

성인에 비해 집중력이 짧고 신체적으로 발달이 되어있지 않은 상태이기 때문에, 무조건적으로 힘들고 이론적인 프로그램보다는 흥미 위주의 재미있고 운동이 즐겁다는 인식을 심어줄 수 있는 프로그램 위주로 지도를 해야 한다.

3 유소년과 성인의 생리적 차이로 인한 효과적인 유산소 트레이닝 방법 ★★

① 유소년은 성장기에 있기 때문에 심장의 박출량이 적어서 안정 시 심박수가 성인에 비해 상대적으로 높은 편이다. 따라서 상대적으로 작은 심장을 갖고 있기 때문에 운동 강도가 증가함에 따라 심장이 더 많은 일을 하게 된다.

② 처음부터 너무 고강도의 운동은 심장에 무리가 갈 수 있고, 또한 아이들은 신체적으로 성장기인 만큼 전체적인 신체의 근육 패턴이나 움직임이 조화롭게 안정되어 있지 않기 때문에, 정확한 자세와 흥미 위주의 프로그램으로 지도해야 한다.

4 웨이트 트레이닝 시 청소년과 성인 근력향상의 차이점 ★★

① 성인의 웨이트는 근비대를 목적으로 하지만, 유소년의 웨이트는 근성장, 기초대사량 증가, 유연성 향상이 목적이다.

② 유소년은 성장기에 운동 단위가 활성화되고 근육 내부의 힘이 강화되어 성장에 도움이 된다.

5 유소년 정신적 특성에 따른 지도법 ★★

유소년은 정신적으로 산만하고 집중력이 짧기 때문에 흥미 위주의 운동과 운동이 즐겁다는 인식을 심어줄 수 있는 프로그램 위주로 지도를 해야 한다.

6 유소년스포츠지도사의 자질(역할) ★★★

지도자는 놀이를 통해 다양한 신체발달과 사회성 발달을 유도해야 하고 유소년을 이해하고 사랑하는 마음과 봉사정신, 인내심과 평정심, 건전한 성품 등이 필요하다.

7 유소년에게 고중량 운동을 시키지 않는 이유 ★★

무거운 중량에 대해 저항할 수 있는 견고한 패턴이 몸에 갖춰져 있지 않은 유소년의 경우 부상의 위험도 있고 무리한 자극이 될 수 있기 때문에, 맨몸운동을 하거나 적당한 중량으로 근골격과 성장판을 알맞게 자극해 성장에 도움을 주는 것이 적합하다.

8 유소년이 보디빌딩을 해야하는 이유(유소년이 저항운동을 할 때 받는 영향) ★★★

신체적으로 근력을 발달시키고, 운동 감각을 향상시키며 성장판과 성장호르몬을 자극시켜 성장에 도움을 준다.

9 유소년 영양관리방법 ★★

① 유소년의 경우 전체 영양섭취의 50%~60%는 탄수화물, 25%~30%는 지방, 12%~15%는 단백질로 구성해야 한다.
② 성장기의 아이들을 위해 철분과 칼슘을 충분히 섭취하도록 해주고, 인스턴트 음식을 피하고 균형있게 다양한 영양소를 섭취하는 것을 권장한다.

10 유아기 발달단계 ★★★

(1) 두미의 법칙

　머리 → 발끝, 위 → 아래

(2) 중심 - 말초원리(근원법칙)

　중심(근위부) → 말초 · 끝(원위부)

(3) 대근육 - 소근육 발달

　단순 동작 → 복잡한 동작

11 피아제의 인지발달 단계 ★★★

① 감각 운동기(0~2세)
② 전조작기(3~7세)
③ 구체적 조작기(7~11/12세)
④ 형식적 조작기(11세 이상~성인기)

12 유소년 운동 지도원리 ★★

① 놀이중심
② 생활중심
③ 개별화
④ 탐구학습
⑤ 반복학습
⑥ 융통성
⑦ 통합성의 원리

13 유소년 운동지도시 주의사항 ★★

① 신체 사이즈가 작기 때문에 적절한 도구를 이용한다.
② 체온조절능력이 떨어지므로 열상해에 주의한다.
③ 수분섭취에 유의한다.
④ 심장이 다 발달되지 않았기 때문에 고강도 운동은 주의한다.
⑤ 흥미 위주의 운동으로 구성한다.

14 학교 성폭력발생시 처리절차 ★★

(1) 성범죄 신고의무

① 수사기관 신고(피해자가 원하지 않아도 반드시 신고, 전문기관 신고와 별개)
② 교내 성고충 상담원과 협의하여 피해자 긴급 보호조치
③ 117 신고센터, 해바라기여성아동센터(1899-3075), ONE-STOP지원센터, 여성긴급전화(1366), 성폭력상담소 등 전문상담기관에 도움 요청

(2) 학교폭력대책자치위원회를 개최, 피해학생 보호 및 가해학생 선도·교육 조치

① 학교폭력대책자치위원회 개최
② 전담기구의 사안조사(비밀유지에 유의)
③ 전문상담기관으로 의뢰

(3) 성폭력 피해학생 보호

    ① 심리상담 및 조언

    ② 일시보호

    ③ 치료 및 치료를 위한 요양

    ④ 학급교체

    ⑤ 그밖에 피해학생의 보호를 위하여 필요한 조치

(4) 가해학생에 대한 선도 조치

    ① 서면사과

    ② 피해 학생 및 신고ㆍ고발 학생에 대한 접촉, 협박 및 보복행위 금지

    ③ 학교에서의 봉사

    ④ 사회봉사

    ⑤ 학내외 전문가와 특별교육 이수ㆍ심리치료

    ⑥ (기간제한이 없는) 출석정지

    ⑦ 학급교체

    ⑧ 전학

    ⑨ 퇴학처분(고등학생만 가능)

Chapter 07 노인 스포츠지도사

1 허리통증이 있는 노인에 대한 운동지도 ★★★
① 허리의 움직임은 최소한으로 운동을 지도하며 흉추와 고관절의 가동성을 확보한다.
② 허리부위의 운동은 주로 등척성 운동으로 강화를 실시한다.

2 협심증의 정의 ★★
심장에 혈액을 공급하는 관상동맥이 동맥경화로 좁아지면서 생기는 질병으로, 주로 운동과 같은 심장의 산소요구량이 늘어날 때 증상이 발생한다.

3 심근경색의 정의 ★★
심장에 혈액을 공급하는 관상동맥이 동맥경화로 막히면서 심근 세포가 괴사하는 질병이다. 환자의 50%는 증상이 없어 인지하지 못하고 있다가 급작스럽게 극심한 흉통을 호소한다.

4 노인의 저항운동 시 이점 ★★★
① 골격근량 증가를 통해 건강 유지 및 질병을 예방한다.
② 상해 위험을 감소시킨다.
③ 자연스럽게 수분, 음식물 섭취가 증가함에 따라 변비를 예방한다.

5 노인운동전문가가 갖추어야 할 두 가지 ★★
노인질환에 대한 지식과 그에 따른 운동처방 방법을 알고 있어야 한다.

6 노인체육지도자의 역할 ★★
① 우수한 실기능력
② 자신감 있고 상냥한 태도
③ 행동적 덕목
④ 명확히 표현 할 수 있는 의사전달 능력
⑤ 운동에 몰입할 수 있는 동기유발 능력

7 노인 운동지도의 목표 ★★★

① 노인의 흥미와 관심
② 노인의 신체적, 정신적, 사회적 건강 유지 및 증진
③ 노인들 간의 유대관계, 사회성 함양 유도
④ 새로운 것에 도전하려는 욕구를 충족
⑤ 자율적 행동과 독립심 향상
⑥ 건전한 여가활동
⑦ 가족 간의 유대관계 강화

8 노화로 인한 신체적 변화(근력감소의 원인) ★★★

① 근육 내 자살세포 증가
② 활동량 저하
③ 골격근량 감소
④ 골밀도 감소
⑤ 체지방 증가
⑥ 근감소증

9 고혈압 노인환자의 운동지도 방법 ★★

① 저강도 유산소운동을 30~60분, 가능한 매일 실시한다.
② 저강도 저항운동을 주 2-3회 실시한다.

10 고혈압 노인환자 운동지도 시 주의사항 ★★

① 서서 하는 운동보다는 앉아서 하는 운동 위주로 실시한다.
② 기온이 낮을 때나 이른 아침 운동은 피하고 충분히 워밍업한 뒤 운동을 실시한다.
③ 저항운동 시 발살바 호흡에 주의한다.

11 당뇨가 있는 노인의 운동지도방법 ★★

① 운동 전 당 보충을 실시한다.
② 저강도 유산소운동 30-60분을 실시하고 주당 최소 2-3회 실시한다.
③ 저강도 저항운동을 주당 2-5회 실시한다.
④ 족저궤양이나 발에 손상이 있는지 항상 주의하고 앞의 손상이 있는 경우 체중부하운동이나 수중운동에 주의한다.

12 노인 근기능과 보디빌딩의 관계 ★★

노인은 근력이 저하되어 있는데, 보디빌딩을 통해 근육량을 증가시키면 질병과 근감소증을 예방하고 노화를 늦출 수 있다.

13 노인 보디빌딩에 맞는 영양섭취 ★★

노인은 근육은 감소하고 체지방은 높아져있기 때문에 저칼로리 위주의 단백질 섭취를 권장하고, 장운동이 활발하지 않기 때문에 변비 예방을 위해 수분과 야채 섭취를 권장한다.

14 노인 고관절 골절 시 합병증 ★★

고관절 골절 시 노인은 긴 시간 침상에서 지내게 되는데 이때 욕창, 근감소, 폐렴, 뇌졸중 등 다양한 합병증이 나타날 수 있다.

15 노인의 운동지도방법 ★★

① 저·중강도 유산소운동을 30분 이상, 주당 2-3회 권장한다.
② 저·중강도 저항운동을 1RM의 40~50%로, 주당 2-5회 권장한다.
③ 약간 불편한 강도의 스트레칭을 30초~60초 이상, 주당 2~3회 권장한다.

16 노인의 신체적, 심리적 변화에 따른 지도방법 ★★

(1) 신체적, 정신적 변화
　　① 신체적: 근육량 감소, 근력 저하, 유연성 저하, 균형감각 저하
　　② 정신적: 스트레스, 우울, 불안
(2) 지도 방법
　　① 주당 저·중강도 유산소운동 2-3회, 30분 이상 권장한다.
　　② 주당 저·중강도 저항운동 2-5회, 대근육 위주로 실시를 권장한다.
　　③ 밸런스, 협응력 운동을 함께 실시를 권장한다.

MEMO

해커스 스포츠지도사 보디빌딩 실기+구술 초단기 5일 합격

개정2판 1쇄 발행 2025년 4월 7일

지은이	안승기
펴낸곳	㈜챔프스터디
펴낸이	챔프스터디 출판팀
주소	서울특별시 서초구 강남대로61길 23 ㈜챔프스터디
고객센터	02-537-5000
교재 관련 문의	publishing@hackers.com
동영상강의	pass.Hackers.com
ISBN	979-11-7244-948-3 (13690)
Serial Number	02-01-01

저작권자 ⓒ 2025, 안승기
이 책의 모든 내용, 이미지, 디자인, 편집 형태는 저작권법에 의해 보호받고 있습니다.
서면에 의한 저자와 출판사의 허락 없이 내용의 일부 혹은 전부를 인용, 발췌하거나 복제, 배포할 수 없습니다.

자격증 교육 1위
해커스자격증
pass.Hackers.com

· 스포츠지도사 **전문 선생님의 본 교재 인강** (교재 내 할인쿠폰 수록)
· 스포츠지도사 **무료 특강, 최신 기출문제** 등 다양한 추가 학습 콘텐츠

* 주간동아 선정 2022 올해의 교육브랜드 파워 온·오프라인 자격증 부문 1위

해커스자격증

쉽고 빠른 합격의 비결,
해커스자격증 전 교재 베스트셀러 시리즈

해커스 산업안전기사·산업기사 시리즈

해커스 전기기사

해커스 전기기능사

해커스 소방설비기사·산업기사 시리즈

[해커스 산업안전기사 필기 베스트셀러 1위] 교보문고 온라인 베스트 기술/공학 분야 1위 (2023.11.13, 온라인 주간베스트 기준)
[해커스 산업안전산업기사 필기 베스트셀러] 교보문고 온라인 베스트 기술/공학 분야 (2023.11.13, 온라인 주간베스트 기준)
[해커스 산업안전기사·산업기사 실기 베스트셀러 1위] 교보문고 온라인 일간 베스트셀러 기술/공학 분야 1위 (2023.02.22, 온라인 일간 집계 기준)
[해커스 소방설비기사/산업기사 필기 베스트셀러] YES24 수험서 자격증 베스트셀러 소방설비 분야 (2023.12.08 YES24 베스트셀러 기준)
[해커스 소방설비기사·산업기사 실기] YES24 수험서 자격증 부문 베스트셀러 소방설비 전기분야 (2023년 1월, 월별 베스트 기준),
YES24 수험서 자격증 베스트셀러 소방설비 기계분야 (2023년 7월 월별 베스트 기준)
[해커스 전기기사 베스트셀러 1위] 교보문고 국내도서 기술/공학 분야 1위 (2023.10.20, 온라인 주간베스트 기준)
[해커스 전기기능사 베스트셀러] YES24 수험서 자격증 베스트셀러 전기 기능사 분야 (2023.05.24, YES24 베스트셀러 기준)

자격증 합격의 모든 것, 해커스자격증　　　　　　　　　　　　　　　**pass.Hackers.com**